1/2 ESO
Educació física

1/2 ESO
Educació física

N. Ayuso
D. Picó

TEIDE

Advertiment
D'acord amb la llei, aquest llibre no és un material fungible. Per tant, els exercicis que s'hi proposen no s'han de resoldre in situ, sinó al quadern de l'alumnat. Si al llibre hi ha espais en blanc, requadres buits o línies de punts, és simplement perquè l'alumnat tingui un model o una pauta de resolució.

Coberta
La Page

Disseny de maqueta
Admagraf, Naono SL

Maquetació
Admagraf

Il·lustracions
Esther Méndez

Fotografies
AGE Fotostock, Arxiu Teide, Corbis, Dreamstime, Getty Images, iStock, Shutterstock
Pàgina 98: imatges cedides per l'Associació Esportiva Colpbol

Primera edició
Segona impressió, 2016

info@editorialteide.com
www.editorialteide.com

ISBN: 978-84-307-9052-4
Dipòsit legal: B-8530-2015
Imprès a Arlequín & Pierrot SL - 08029 Barcelona

Índex

Coneix el teu llibre

Com s'estructura el llibre

El llibre d'Educació física que teniu a les mans vol ser una guia teòrica i pràctica per entendre els beneficis de l'activitat física regular entesa com un hàbit propi d'un estil de vida saludable.

En aquest sentit enfoquem els continguts de cara a l'assoliment d'eines per a la realització de l'activitat física de forma autònoma i per a la vida adulta.

La distribució de les unitats que proposem pretén desenvolupar fidelment el currículum de l'etapa respectant els seus objectius al voltant de quatre blocs de contingut.

- Condició física i salut.
- Jocs i esports.
- Expressió corporal.
- Activitats en el medi natural.

Aquesta distribució pretén ser flexible i operativa, entenent que les qualitats físiques de resistència, força i flexibilitat formen la base de la condició física i s'han de treballar constantment en els diversos blocs de continguts. Cadascun d'aquests blocs consta de diverses unitats temàtiques.

Com s'estructuren les unitats

- Una doble pàgina introductòria dóna pas als continguts de cada unitat.

- Cada unitat presenta el seu contingut en diverses pàgines.

Connectem el tema amb la realitat de l'alumne o alumna.

profusió d'imatges i il·lustracions

El contingut s'estructura en apartats i subapartats.

- Al final de cada unitat trobem unes pàgines especials.

consells per millorar

dades curioses per motivar l'aprenentatge

repàs de les competències treballades

Condició física i salut

BLOC I

El cos humà és una màquina gairebé perfecta que ens permet realitzar els moviments més diversos. L'hem de conèixer per aprendre a tenir-ne cura i treure'n el màxim rendiment.

El fet de tenir un cor sa, seguir una dieta saludable o cuidar els hàbits són qualitats que ens permeten viure més temps i millorar la nostra qualitat de vida, i a moltes persones els ajuda a dur a terme la seva feina amb una major eficàcia.

Als esportistes, conèixer a fons el seu cos i treballar-lo correctament els serveix per millorar les seves marques i destacar en les seves especialitats esportives. Això no obstant, no és tan important com la cura personal del cos en benefici de la salut.

Condició física. El cos humà i l'exercici físic

1. Què és la condició física?
2. Quins són els tipus de condició física?
3. Com es pot millorar la condició física. Coneixent les qualitats físiques
4. El cos humà i l'activitat física

A la teva edat cada dia fas un munt d'activitats. Per això és important vetllar per la condició física que et permet fer-les sense limitar-te.

1 UNITAT

#EnForma #moute

Si ens trobem bé sembla que tot és més fàcil. Per exemple, podem anar a classe i jugar a l'hora del pati sense un cansament excessiu. La nostra condició física ens acompanya arreu.

Tenir una bona salut, o trobar-se bé, va més enllà de la mera absència de malalties. La diferència entre no tenir malalties i tenir una bona qualitat de vida és determinada per la condició física.

Cada persona viu d'una manera diferent la salut; és molt recomanable conèixer-se un mateix i vetllar pel seu manteniment.

A més, aquest estat de salut no és sempre constant, sinó que es modifica al llarg de la vida pels canvis orgànics que provoca l'envelliment i pot millorar o empitjorar segons com actuem.

Atès que la condició física ens permet viure d'una manera saludable, ara podríem veure en què consisteix. Això vol dir conèixer-ne els estats, els factors que poden alterar-la i la manera de millorar-la.

En aquest capítol, doncs, entendrem la importància de tenir una bona condició física i la relació que aquesta té amb la qualitat de vida i la salut.

1. Què és la condició física?

La condició física (CF) és el conjunt de capacitats que permeten fer qualsevol activitat quotidiana amb efectivitat i sense un cansament excessiu.

Aquesta condició permet el desenvolupament d'activitats com ara anar caminant a l'escola, patinar pel carrer o carregar el cistell d'anar a comprar.

Els quatre factors que afecten directament el nivell de condició física són: l'activitat física, l'alimentació, les hores de descans i els hàbits nocius. Ho veurem amb detall a la unitat 7.

Qualsevol activitat quotidiana es pot fer amb més efectivitat si tenim una bona condició física.

2. Quins són els tipus de condició física?

Parlem de **condició física general** quan tractem d'activitats quotidianes, mentre que parlem de **condició física especial** quan es tracta d'activitats físiques o esportives.

Tenir una bona condició física garanteix que tot costi menys esforç: jugar, fer esport, desplaçar-se a peu o anar amb bicicleta. A més, també ajuda a tenir una bona salut.

La condició física general condiciona les nostres activitats quotidianes, com anar a treballar en bici. En canvi, el rendiment esportiu depèn de la nostra condició física especial.

3. Com es pot millorar la condició física. Coneixent les qualitats físiques

Podem millorar la nostra condició física amb l'entrenament per millorar les qualitats físiques: resistència, força, flexibilitat i velocitat.

La manca de resistència pot provocar un cansament excessiu a l'hora de pujar escales o al final del dia, la manca de força pot ser la causa de dolors posturals, la poca flexibilitat dificulta la realització de moviments amplis i la manca de velocitat pot disminuir la precisió i l'eficàcia dels moviments.

Diversos estudis coincideixen a afirmar que practicar exercici físic potencia l'optimisme i augmenta el rendiment intel·lectual, i ho demostren. Les persones que fan activitat física són més alegres i felices davant la vida.

Les **qualitats físiques bàsiques** són les que intervenen en el moviment i l'activitat física:

- **La força:** ens permet vèncer una resistència mitjançant una acció muscular. Es fa servir en moltes activitats com ara els jocs de lluita, els salts, els llançaments o el desplaçament d'objectes.

Dos operaris carreguen un moble durant una mudança.

La competidora d'halterofília bielorussa Maryna Shkermankova participa en els Jocs Olímpics de Londres de l'any 2012.

- **La resistència:** fa possible el manteniment d'un esforç durant un temps prolongat. S'utilitza, per exemple, per fer una llarga caminada.

Un grup d'excursionistes practica tresc (*trekking*) a la muntanya.

Kilian Jornet en una cronoescalada a Sierra Nevada (Granada).

Força.

Flexibilitat.

Velocitat.

Resistència.

• **La velocitat:** ens permet fer els moviments en menys temps. L'emprem per travessar ràpidament el carrer o interceptar un objecte que cau abans que arribi a terra.

Utilitzem la velocitat per atrapar un autobús que se'ns escapa.

La velocitat assolida per les atletes es fa patent en aquesta fotografia de l'arribada de la prova de 110 m tanques.

• **La flexibilitat:** ens permet la realització de moviments amb tota l'amplitud que ens sigui possible. Es fa servir quan ens posem una samarreta ajustada o quan posem el peu sobre un banc per cordar-nos la sabata.

Un gest tan quotidià com lligar-nos la sabata requereix que tinguem flexibilitat.

La gimnàstica és una disciplina que demana un intens treball de flexibilitat.

Les **qualitats físiques complementàries** són les que intervenen en moltes activitats però no d'una forma imprescindible, de manera que fan possible activitats més complexes:

• **La coordinació:** permet simultaniejar o seqüenciar moviments d'una manera organitzada. La fem servir per teclejar un missatge al mòbil o per fer botar una pilota mentre correm i driblem un company.

Teclejar en el mòbil requereix la coordinació dels nostres dits.

Els moviments del bàsquet requereixen una gran coordinació.

- **L'equilibri:** situa el cos de manera que les forces que hi actuen es compensen i s'anul·len recíprocament. Serveix perquè no caiguem després de qualsevol salt o per passar per un pas estret.

Gràcies a l'equilibri ens aguantem sobre totes dues cames sense caure.

Algunes disciplines esportives demanen un gran equilibri.

- **L'agilitat:** és la combinació de la velocitat i la flexibilitat. La fem servir per esquivar obstacles que es presenten d'una manera sobtada al camí.

Des de petits aprenem a utilitzar l'agilitat per superar obstacles.

Esports com ara la cursa de tanques requereixen una gran agilitat.

Cadascun de nosaltres tenim una CF diferent; l'edat, el pes, l'alçada, la genètica, els hàbits esportius i l'entorn social ens fan diferents els uns dels altres.

Podem fer-nos una idea de quina és la nostra condició física mitjançant les proves de qualitats físiques bàsiques. En mostrarem uns quants exemples en les unitats dedicades a cadascuna de les qualitats físiques (3, 4, 5 i 6).

Fes servir aquestes proves per conèixer-te millor a tu mateix, no per comparar-te amb els companys i les companyes.

4. El cos humà i l'activitat física

Massa entrenament ens pot produir un excés de fatiga.

Els aparells locomotor, respiratori, cardiovascular i digestiu i el sistema nerviós són els responsables de les qualitats físiques.

La salut i les qualitats físiques són com dos vasos comunicants. L'activitat física ajuda a millorar-les fins als seus límits naturals. L'excés d'activitat física pot tenir efectes negatius com:

- Excés de fatiga.
- Retard en el creixement.
- Risc de problemes cardiovasculars.

L'aparell locomotor: la funció de l'aparell locomotor és fer el moviment. Els seus components bàsics són els músculs i els ossos; per això també l'anomenem *sistema musculoesquelètic.*

Components de l'aparell locomotor

- Sistema esquelètic (part passiva)
  - Ossos
  - Articulacions
  - Cartílags
- Sistema muscular (part activa)
  - Músculs
  - Tendons

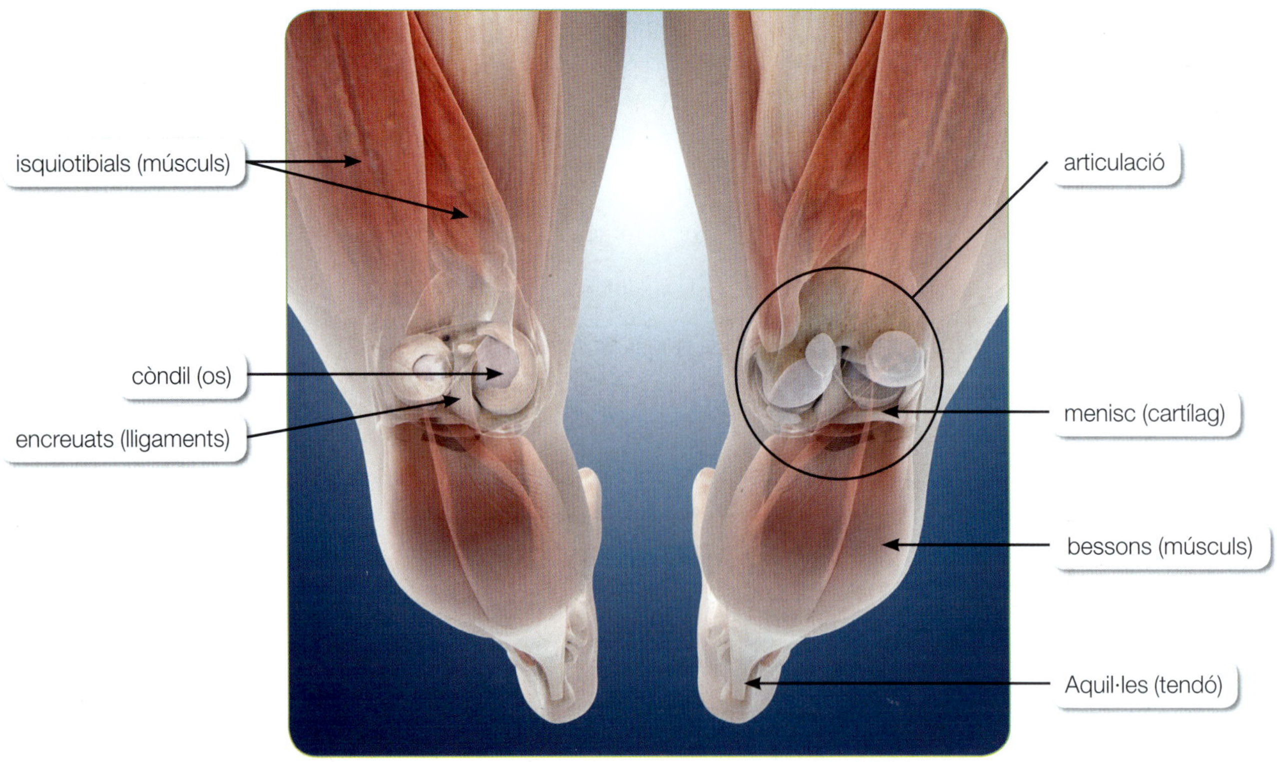

Dels diferents tipus de músculs que té el cos, el responsable del moviment voluntari és el múscul anomenat **esquelètic** (que rep aquest nom perquè s'uneix als ossos de l'esquelet) o **estriat** (perquè té proteïnes d'actina i miosina que s'organitzen en forma d'estries, visibles al microscopi).

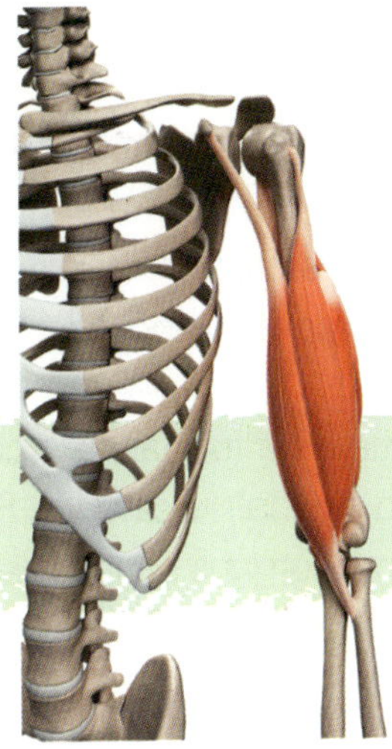

La capacitat contràctil del múscul és la responsable de la **força**, i si la fem durar, també de la **resistència**.

L'aparell respiratori: és el que s'encarrega d'aportar l'oxigen que necessitem per viure i expulsa el diòxid de carboni que genera el nostre cos.

En activitats de resistència s'intensifica l'activitat del sistema respiratori. Si ens posem a córrer, a pujar escales o a caminar per la muntanya, posem a prova la nostra resistència i notem com respirem amb més intensitat.

La quantitat d'oxigen que es transporta a la sang s'anomena *nivell de saturació*; hi ha malalties que redueixen el nivell de saturació d'oxigen i això afecta negativament la capacitat de resistència.

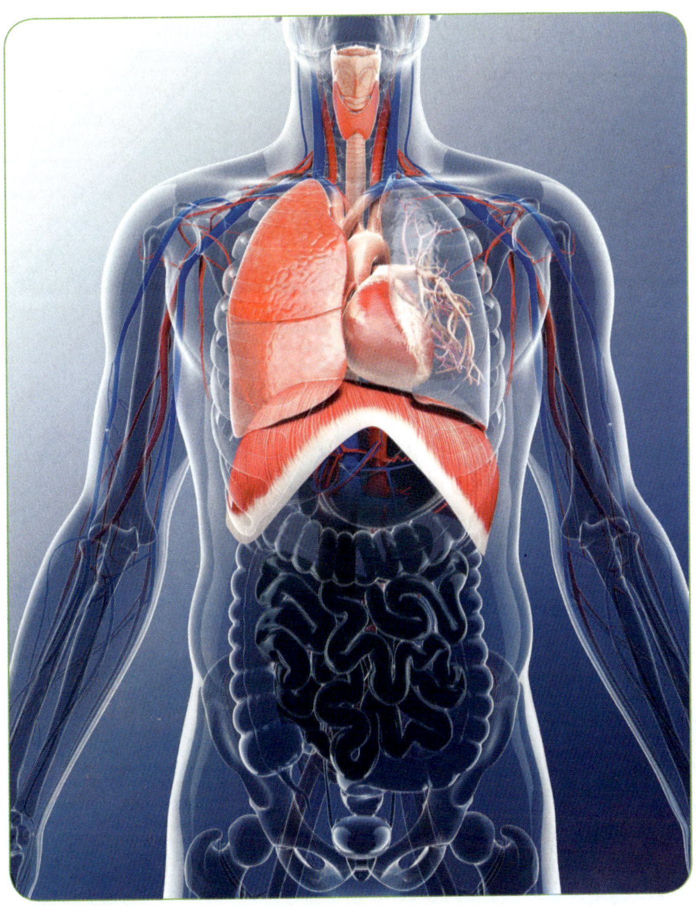

L'aparell cardiovascular: té la funció de transportar la sang a totes les parts del cos i està format pel cor, la sang i els vasos sanguinis.

Per això, un altre dels efectes de l'esforç físic és l'acceleració de les pulsacions. Aquesta adaptació del cor fa possible la resistència davant l'esforç.

Una altra de les funcions del sistema cardiovascular és la regulació tèrmica del cos: per això quan ens lliguem massa fort les sabates podem passar fred als peus, ja que obstaculitzem la circulació de la sang.

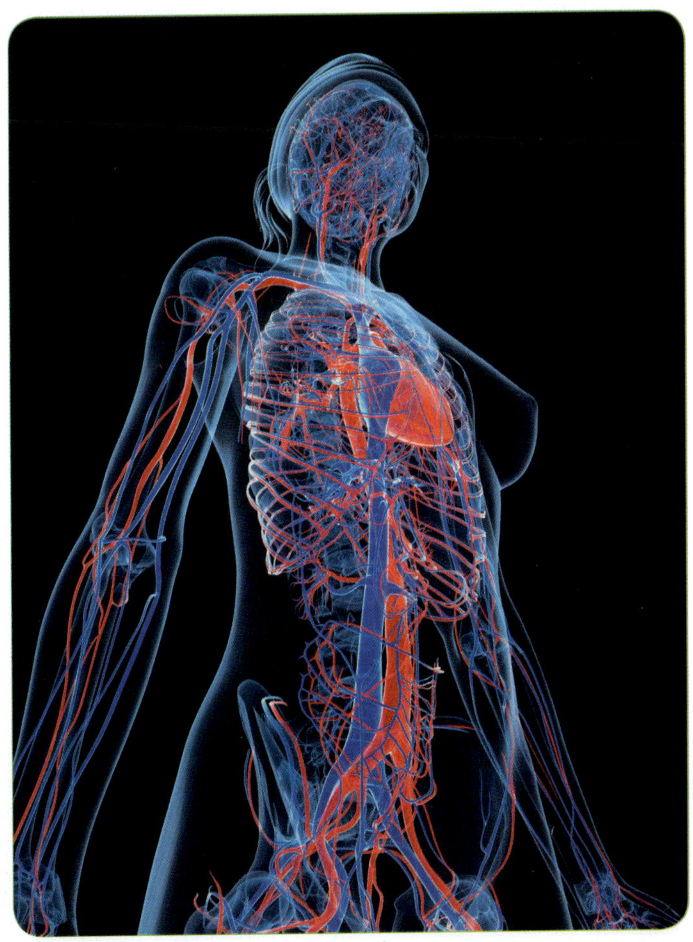

El sistema nerviós: una de les seves funcions és la direcció i el control del moviment. La importància que té sobre l'acció muscular afecta directament les qualitats físiques de la força i la velocitat.

Aquest sistema està format pels centres nerviosos (encèfal, medul·la espinal) i els nervis. Els primers processen la informació dels òrgans sensorials i elaboren respostes, els segons connecten els centres nerviosos amb la resta del cos.

L'ordre de moviment surt del cervell i, per mitjà dels nervis, arriba al múscul, que es contrau; aquesta contracció genera una informació que retorna al cervell a través dels nervis i permet el control del moviment.

Hi ha activitats que demanen molta concentració, de manera que requereixen activar el sistema nerviós a fons per desenvolupar al màxim la capacitat de coordinació.

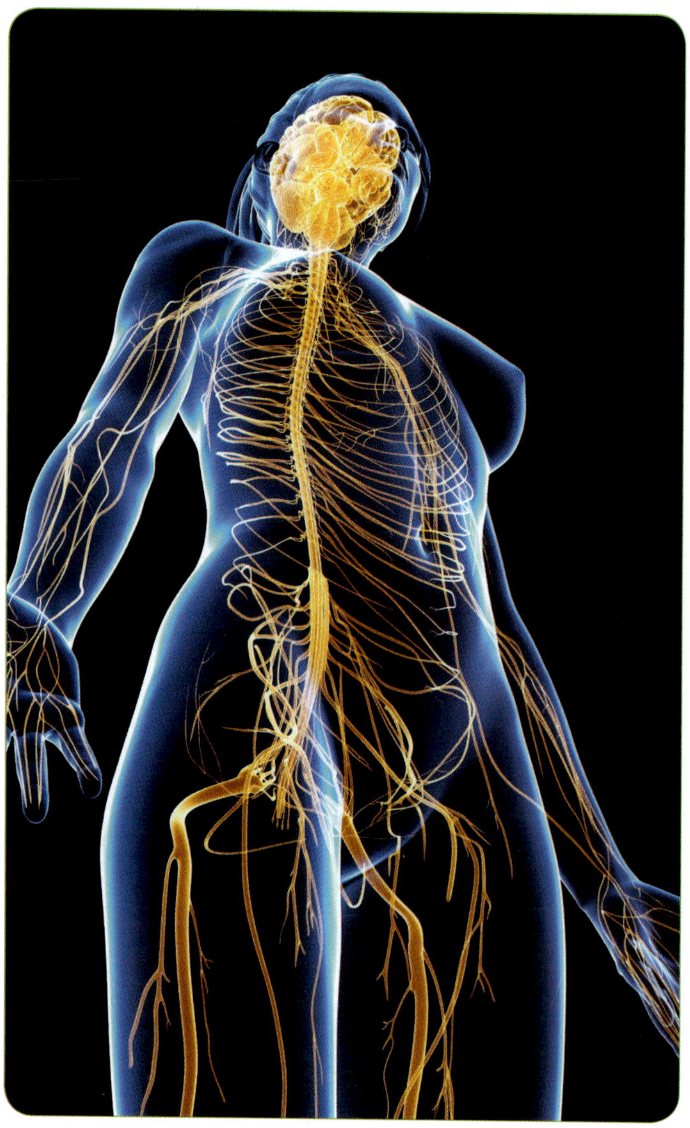

L'aparell digestiu: és l'encarregat de transformar els aliments en substàncies nutritives simples, que passen a la sang. Està format per dos elements diferenciats:

- **El tub digestiu:** format per la boca, la faringe, l'esòfag, l'estómac, l'intestí prim i l'intestí gros.
- **Les glàndules digestives:** salivals, gàstriques, pancreàtiques, intestinals, així com el fetge, considerat la glàndula més gran del cos humà.

És fonamental per a l'exercici físic, de manera que la insuficiència d'aliments pot tenir efectes negatius com ara la tremolor del pols o el mareig.

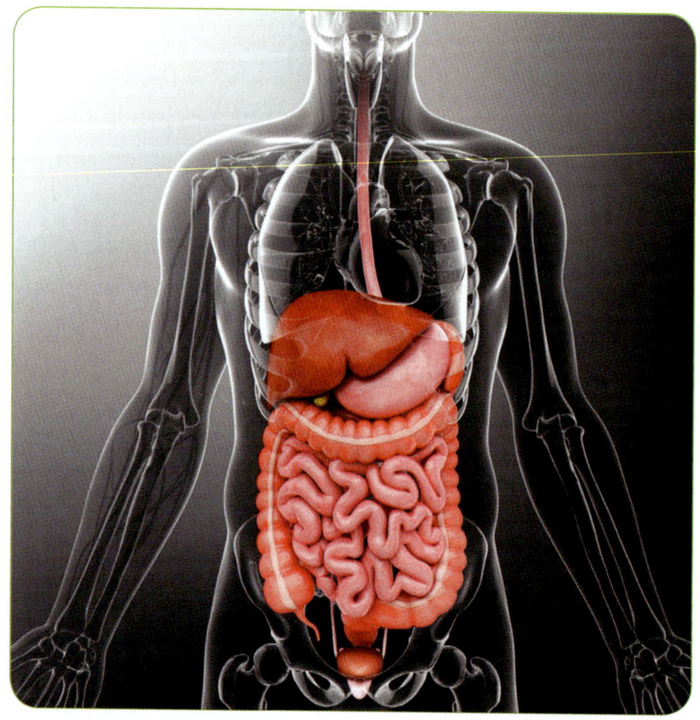

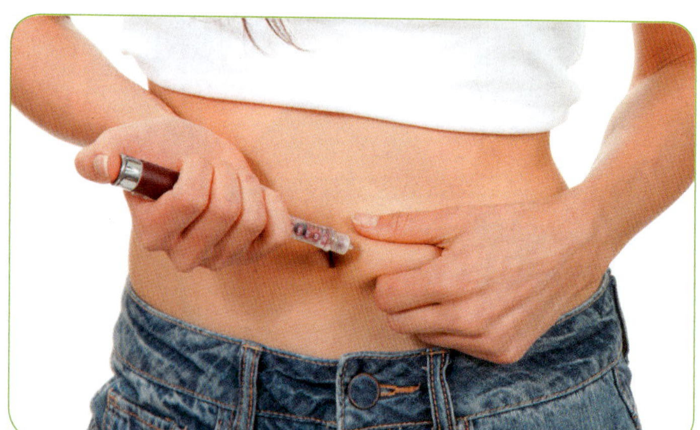

La fallida de les glàndules digestives pot provocar malalties cròniques com ara la diabetis, que obliga els pacients a injectar-se la insulina que el pàncrees no proporciona.

I nosaltres, què podem fer?

Hi ha aspectes del nostre comportament diari que incideixen directament sobre la condició física:

- Cal observar l'exercici físic que fem setmanalment. L'Organització Mundial de la Salut recomana un exercici moderat de 60 minuts diaris.
- Mengem de tot? Es recomana menjar d'una manera variada sense oblidar cap dels nutrients bàsics: hidrats de carboni, proteïnes, greixos, vitamines i minerals.
- Cal dormir les hores necessàries. El descans és important, ja que té una funció regeneradora que permet iniciar el dia plens d'energia.
- És necessari evitar els hàbits nocius com ara el consum de tabac, alcohol o drogues. Això ajuda a mantenir correctament la nostra condició física.

La manca de son pot afectar el nostre rendiment diari.

Sabies que...?

- La quantitat d'activitat física que podem fer té un límit. Fer-ne més de la que el nostre organisme pot aguantar pot tenir conseqüències negatives a curt o llarg termini. El professor ens pot orientar per planificar la nostra rutina d'exercici setmanal.
- Hi ha estudis que demostren que fer exercici físic diàriament millora la densitat òssia i té un efecte preventiu de l'osteoporosi, una malaltia que es caracteritza per la fragilitat dels ossos.
- S'ha demostrat que els programes de promoció de l'activitat física de la població redueixen la despesa sanitària dels països desenvolupats.

Sedenterisme: manca o no realització de l'esport.
↓
activitat física

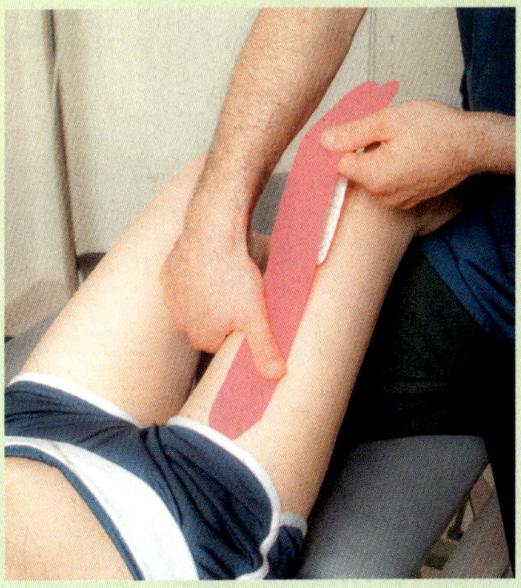

L'excés d'activitat física pot tenir efectes negatius com ara les lesions musculars.

Objectius competencials (aportació en competències)

- Acceptar el propi cos i les seves limitacions, tot respectant les diferències entre els companys.
- Valorar la pràctica habitual de les activitats fisicoesportives com a factor beneficiós per a a la salut.
- Fer activitats fisicoesportives d'una manera autònoma per a l'equilibri de la rutina diària.

La sessió

1. Abans de començar...
2. Les parts de la sessió

I tu, quan vols fer esport, com ho fas? Les recomanacions que et plantegem en aquesta unitat et poden ajudar.

UNITAT 2

#organitzemnos

Les classes d'educació física o els entrenaments esportius són activitats planificades. El professor o entrenador és l'encarregat de planificar què es vol treballar, com i per a quina edat. D'aquesta manera, la sessió d'exercici físic té una intencionalitat: aprendre i gaudir de l'activitat física i l'esport.

Sovint juguem amb els amics al pati, a la platja o al carrer. Aquesta és una manera molt bona de practicar l'activitat física, però no té el component d'**intencionalitat i planificació** de l'exercici.

El professor o entrenador prepara les activitats proposades tenint en compte diverses consideracions: l'edat dels participants, el contingut que es vol treballar (resistència, coordinació, bàsquet, jocs tradicionals...), l'espai de què es disposa, etc. No és el mateix preparar una sessió enfocada a nens de cinc anys que un entrenament d'handbol per a nois de quinze anys.

En aquesta unitat veurem com cal estructurar una sessió per practicar activitat física d'una manera autònoma i amb menys riscos de lesions.

1. Abans de començar...

El professor planifica la sessió pensant en l'objectiu de la classe, quines activitats es proposaran, l'espai de què disposarem, el material que haurem d'utilitzar i el temps que tindrem.

Per part nostra, haurem d'assistir-hi preparats amb roba esportiva i amb ganes de moure'ns. A la bossa hi haurem de dur la roba de recanvi i tot el que sigui necessari per tenir cura de la nostra higiene després de fer esport: la tovallola, el gel de dutxa i les xancletes de bany.

Hem d'estar preparats amb totes les coses que siguin necessàries per dur a terme la pràctica esportiva i la higiene corporal posterior.

2. Les parts de la sessió

La part inicial

És la que serveix per preparar-nos per a l'activitat física. També rep el nom de *part d'activació* o *escalfament*. En aquesta part el professor ens informarà del que farem durant la sessió.

L'**escalfament** és el conjunt d'exercicis de preparació per a l'activitat física i serveix per augmentar la temperatura corporal i millorar les condicions físiques i mentals amb vista a l'activitat. Té diversos efectes sobre el nostre cos:

Si masteguem un xiclet, s'escalfa i és molt elàstic; en canvi, si el posem una estona al congelador, en intentar estirar-lo, se'ns trenca als dits.

- **Sobre el sistema locomotor:** propicia l'augment de temperatura muscular, que millora la velocitat de contracció i relaxació; també disminueix la viscositat del múscul i, per tant, redueix la possibilitat de trencaments fibril·lars o tendinosos a la musculatura.
- **Sobre el sistema cardiovascular:** accelera la freqüència cardíaca, cosa que permet al cor bombar més sang i, per tant, portar més oxigen als músculs.
- **Sobre el sistema respiratori:** augmenta la freqüència respiratòria i obre els alvèols pulmonars, cosa que millora l'aportació d'oxigen a la sang i l'eliminació de diòxid de carboni.

Si alguna vegada t'has marejat per hiperventilació, has comprovat que l'aportació d'oxigen a la sang augmenta amb la velocitat de la respiració.

Les parts de l'escalfament:

1. Exercici suau i progressiu que involucri la totalitat del cos.

2. Exercicis de mobilitat articular de totes les parts del cos.

3. Exercicis d'estiraments dels grans grups musculars.

Els exercicis d'escalfament específic se centren en els grups musculars involucrats en l'activitat física que estem a punt de fer.

Els tipus d'escalfament:

- **Escalfament general:** és el que activa grans grups musculars sense pensar en cap part corporal concreta ni en l'activitat posterior.
- **Escalfament específic:** és el que se centra en els grups musculars involucrats en l'activitat física posterior.

Normes per fer l'escalfament

- **Durada:** de 10 a 15 minuts.
- **Intensitat:** suau o moderada per no esgotar-nos.
- **Progressió:** gradual, de menys intensitat a més intensitat, sense interrupcions.
- **Mobilitat:** gradual, des de moviments globals fins al treball de grups musculars específics relacionats amb l'activitat posterior.

Gràcies a l'escalfament podem interceptar millor una pilota o respondre ràpidament a una finta de l'adversari. Estem, doncs, més atents i proactius.

La part principal

És la que ens permet assolir els objectius plantejats. Hi treballem específicament el que volem millorar o desenvolupar en la sessió.

És la part més llarga, en la qual es fa el treball més intens, i és la que dóna sentit a la classe amb jocs i exercicis d'aprenentatge.

La part final

Es tracta de la tornada a la calma, en què es redueix la intensitat de l'esforç i es recuperen els ritmes i estats inicials de l'organisme.

Un exemple d'activitat de tornada a la calma són els exercicis de respiració i relaxació, que veurem a la unitat 8.

Aquesta part s'acaba amb la higiene personal. La dutxa i el canvi de roba són bàsics i necessaris per a la salut.

És important que la part final d'una sessió inclogui exercicis adreçats a la relaxació i la tornada a la calma.

I nosaltres, com ho podem fer?

- És més aconsellable practicar esport amb els amics que no pas sols. Podem fer servir les normes i els consells que s'han exposat anteriorment.

- Hem de preparar-nos i reflexionar sobre què volem fer, a quin lloc durem a terme l'activitat física, amb quin material (roba, calçat...), quina durada tindrà, en quin moment del dia la farem, quina serà la temperatura ambiental en aquell moment, quina hidratació necessitarem, quin és l'estat de la nostra condició física, etc.

- No podem oblidar l'escalfament i el control de la intensitat de l'esforç. Cal que escoltem el nostre cos: les sensacions estranyes ens informen que alguna cosa no va bé; és preferible aturar-se o reduir la intensitat de l'exercici per tal de minimitzar el risc de lesió.

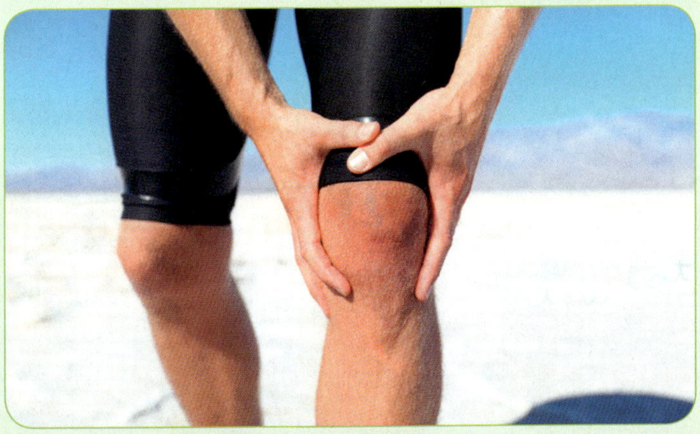

- No hem d'oblidar d'hidratar-nos sovint quan practiquem una activitat física. Cal dur, doncs, una ampolla d'aigua.

Objectius competencials (aportació en competències)

- Fer un escalfament adequat d'acord amb l'activitat física que s'hagi de dur a terme.
- Fer activitats fisicoesportives d'una manera autònoma per a l'equilibri de la rutina diària.

La resistència

1. Què és la resistència?
2. Quins tipus de resistència hi ha?
3. Com podem millorar la resistència?
4. Fem la nostra sessió de resistència
5. Beneficis per a nosaltres!

La resistència és una de les qualitats físiques que determinen el nivell de la condició física dels individus. La pèrdua de resistència és un dels primers símptomes d'empitjorament de la salut.

#aguanta

Hi ha moltes activitats que se'ns fan llargues perquè exigeixen activar la nostra capacitat de resistència: fer una cua molt llarga, practicar el turisme urbà, dur a terme tasques domèstiques com fregar el pis, pintar una paret, etc.

Al llarg del dia acumulem diferents activitats que requereixen el nostre esforç, el qual pot ser més o menys suportable gràcies a una qualitat física bàsica: la **resistència**.

Aquesta qualitat física és el resultat de l'adaptació del cor a l'esforç físic. El cor, com la resta de músculs, es pot entrenar i augmentar de volum i de gruix. Una manera ràpida de saber com respon el nostre cor davant l'esforç és mesurar-nos la freqüència cardíaca.

Com totes les qualitat físiques, la resistència evoluciona al llarg de la vida de les persones. Podem diferenciar una primera fase d'adquisició (8-12 anys), una segona fase de millora fins a arribar a un nivell màxim (20-30 anys) i una tercera fase de disminució, que té lloc d'una manera lenta en comparació de les capacitats de força i velocitat.

Qui necessita la resistència?

- Tothom la necessita per fer tasques quotidianes feixugues com, per exemple, carregar bosses en una llarga sessió de compres o pujar les escales d'un pis alt.
- La necessiten especialment els esportistes que basen el seu esport en esforços prolongats, com les curses d'esquí de fons, les voltes ciclistes, les curses de muntanya o les travesses nedant a mar obert.

A les sessions d'educació física trobarem unitats didàctiques i/o esports en què la resistència té un paper important, com ara el rugbi, l'atletisme, els exercicis de lluita, l'aeròbic o els jocs de persecució.

Activitats quotidianes com anar a comprar requereixen la nostra capacitat de resistència.

En esports com el rugbi la resistència té un paper molt important.

1. Què és la resistència?

És la qualitat física que ens permet mantenir un esforç, endarrerint l'aparició de la fatiga, durant el màxim de temps possible.

Quan augmentem la intensitat d'un exercici i la seva durada, el nostre cor s'accelera i s'esforça fins que arriba al seu límit, moment en què hem de parar.

Si el nostre cor és més fort i gran, el moment de fatiga que ens obliga a parar arribarà més tard, de manera que podrem fer la nostra activitat física amb menys cansament.

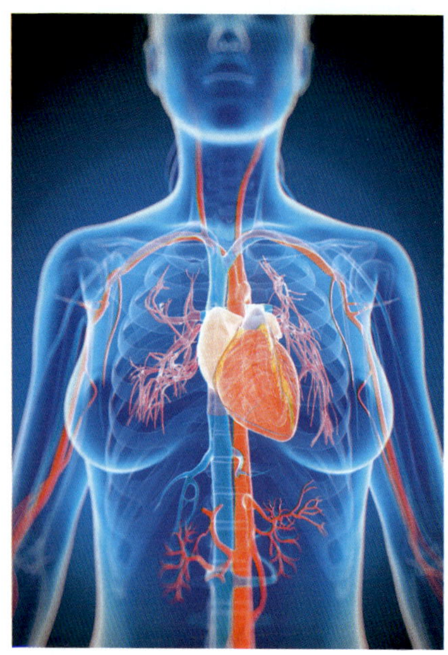

El cor bomba la sang, que transporta l'oxigen per tot el cos. És el responsable, doncs, de la resistència.

Quina part del cos genera la resistència?

Com hem dit, el cor és el responsable de la resistència. No s'atura mai. És difícil imaginar quantes vegades batega en una hora, en un dia o en tota una vida.

El cor s'ha de cuidar no sotmetent-lo a esforços per sobre de les seves possibilitats i entrenant-lo amb exercicis de durada i intensitat que li permetin desenvolupar-se.

No tots els exercicis que fem són iguals: la intensitat i la durada de cadascun té un efecte diferent sobre el cor. Els exercicis de llarga durada fan que el cor es faci més gran. En canvi, l'exercici de gran intensitat fa que les seves parets es facin més gruixudes i potents. És recomanable per a la nostra salut trobar un equilibri entre els dos tipus d'exercici que ens faci el cor gran i potent.

Tenir cura del cor ens pot permetre fer grans esforços a edats avançades.

La freqüència cardíaca

Una manera de controlar l'activitat del cor davant l'esforç de resistència és mitjançant la freqüència cardíaca (FC). Podem mesurar la freqüència cardíaca, és a dir, els batecs que fa el cor durant un minut.

La tècnica per mesurar la freqüència cardíaca consisteix a pressionar el lateral del coll (per on passa l'artèria caròtide) amb els dits índex i mitjà. Comptem les pulsacions durant 15 segons i les multipliquem per quatre, de manera que obtenim les pulsacions per minut (ppm).

En funció de l'esforç que estigui fent el cos en el moment d'efectuar la mesura, podem distingir quatre tipus de freqüència cardíaca:

- **FC basal:** és la que tenim quan dormim o quan estem totalment inactius.
- **FC de repòs:** és la que tenim al llarg del dia en situació estàtica, com quan estem asseguts.
- **FC d'esforç:** és la que tenim en el moment de fer un esforç i la que ens indica la seva intensitat.
- **FC màxima:** representa el límit màxim de pulsacions que, per seguretat, i en condicions normals, no hauríem de superar. Es pot calcular a partir de la fórmula següent:

FC màxima = 220 – la teva edat

La mitjana d'aquestes freqüències, mesurades repetidament, ens dóna el valor mitjà de la nostra freqüència cardíaca que podem considerar normal. L'alteració d'aquest valor ens pot indicar que hi ha alguna anomalia.

Tècnica de control de la freqüència cardíaca.

2. Quins tipus de resistència hi ha?

La resistència aeròbica és la més important per a la salut i la condició física; per això és la que el teu metge, professor o entrenador et recomanarà que entrenis.

La resistència ens permet córrer ràpidament una estona, però també caminar durant un lapse de temps prolongat. En tots dos casos la resistència que necessitem és diferent.

Les cintes de córrer es poden regular en intensitat i velocitat, de manera que permeten el treball de diferents tipus de resistència.

NOMES DIR

La resistència aeròbica

⊗ SUR

És la que permet fer esforços d'intensitat baixa i de llarga durada, durant els quals l'oxigen que arriba als músculs a través de la respiració és suficient.

Exemples: la marató, el triatló o el ball.

L'entrenament d'aquest tipus de resistència fa que el cor es faci més gran i que augmenti el volum de sang que pot bombar en cada batec. Per aquest motiu el cor pot abaixar la seva freqüència cardíaca davant l'esforç.

El triatló és una disciplina de duresa extrema, que combina natació, ciclisme i cursa atlètica.

Resistència anaeròbica

És la que permet fer esforços d'intensitat elevada i de curta durada, durant els quals l'oxigen que arriba als músculs a través de la respiració no és suficient, la qual cosa fa aparèixer l'esgotament. Es tracta d'activitats de, com a màxim, 2 o 3 minuts.

Exemples: les curses de 100, 200 i 400 metres o la gimnàstica artística.

L'entrenament d'aquest tipus de resistència fa que les parets del cor es facin més gruixudes i potents.

Les gimnastes fan un esforç immens en un lapse de temps curt.

3. Com podem millorar la resistència?

Per millorar la nostra resistència, hem de començar per l'entrenament de la resistència aeròbica. És la que ens interessa més per a la salut i la qualitat de vida. Es pot millorar bàsicament amb sistemes d'entrenament continus:

- **Cursa contínua:** consisteix a córrer a un ritme constant i amb una intensitat moderada per un terreny pla una distància determinada, que depèn de la condició física del corredor.

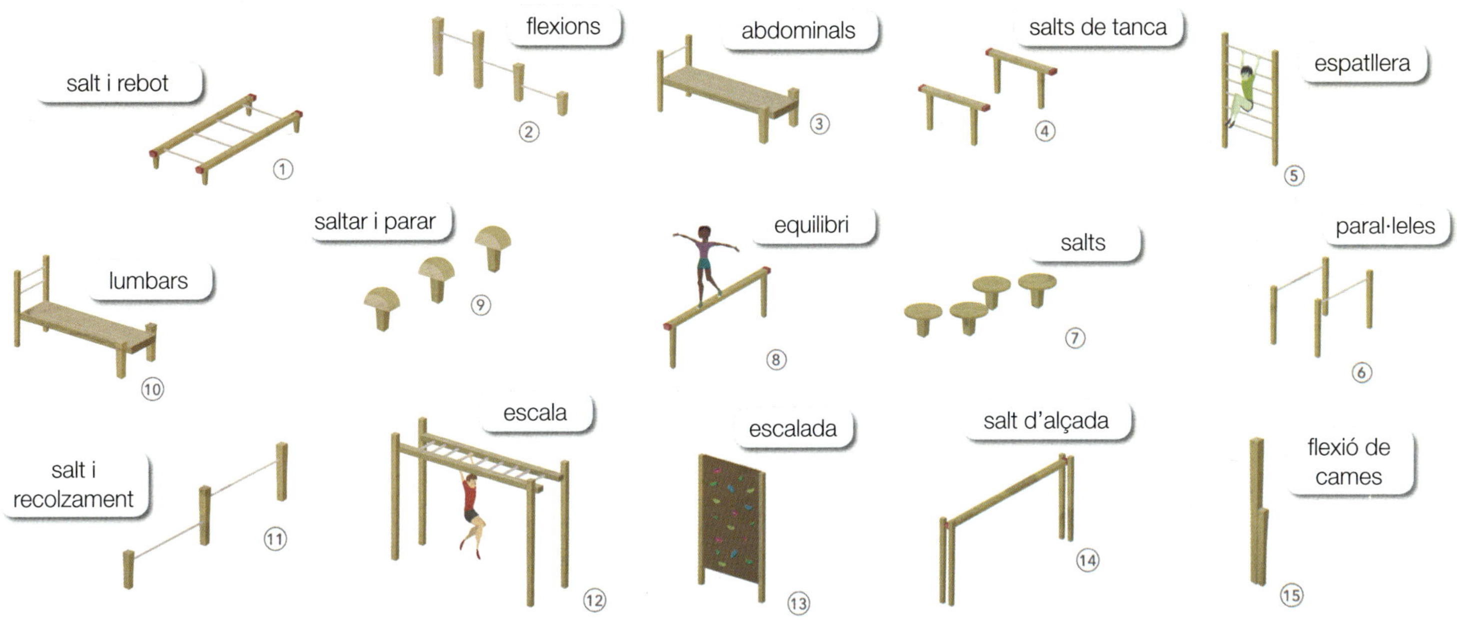

Circuit cobert per al treball de resistència.

Si al llarg de la cursa contínua intercalem exercicis (estacions), com ara abdominals, salts o flexions de braços, aquest entrenament s'anomena **circuit natural**. Podem trobar circuits naturals en alguns parcs o bé els podem dissenyar nosaltres mateixos. És convenient intercalar, entre cursa i cursa, exercicis variats, com ara abdominals, lumbars, salts, flexió de braços, equilibris, etc.

- ***Fartlek*:** es tracta d'una cursa contínua que inclou canvis de ritme i distància. Aquests canvis d'intensitat fan que es tracti d'un sistema més exigent, que fa treballar més el cor.

Les pistes en un entorn natural són ideals per al desenvolupament del *fartlek*, ja que afavoreixen els canvis sobtats de ritme i intensitat.

Valora la teva resistència

Un test molt utilitzat i senzill és el test de Cooper, que consisteix a córrer la **màxima distància** que ens sigui possible en 12 minuts. Per fer-lo correctament, s'han de tenir en compte unes recomanacions:

- Fer un escalfament previ.
- Buscar un calçat ergonòmic i còmode.
- La zona de la prova ha de ser plana, sense desnivells pronunciats.
- S'ha de fer a primera hora del matí o a última hora de la tarda.

4. Fem la nostra sessió de resistència

- Comencem amb 5 minuts de cursa contínua. En sessions posteriors haurem d'augmentar periòdicament el temps de 5 en 5 minuts en funció de la fatiga experimentada. L'objectiu ha de ser arribar a un mínim de 15-30 minuts.
- Paral·lelament, podem triar altres activitats per millorar la nostra resistència: bicicleta, natació, patinatge o jocs de persecució amb els amics.
- Podem planificar també un joc de persecució com el joc de les fortaleses:
  - Distribuïm dos equips de 10 a 15 persones en una pista de futbol sala o de bàsquet. Cadascun dels camps és el territori d'un dels equips, en el qual hi ha la seva fortalesa (la cistella o la porteria).
  - El joc comença amb un presoner de l'equip contrari a la pròpia fortalesa. Cadascun dels equips intenta salvar els seus presoners i impedir que salvin els de l'equip contrari. Qualsevol jugador s'ha de considerar presoner si el toca un membre de l'equip contrari.
  - Guanya l'equip que salva tots els seus membres.

Les proves de cursa són imprescindibles en una sessió de resistència.

Els jocs de persecució milloren la nostra capacitat de resistència.

- És recomanable fer la sessió amb una intensitat d'entre 140 i 150 pulsacions per minut.
- Podem començar l'entrenament amb una sessió setmanal, i passar gradualment a dues o tres sessions.

Altres esports com ara la bicicleta o la natació són bones alternatives a la cursa en el treball de resistència.

És aconsellable el control mèdic del nostre estat de salut per fer exercici sense risc. Explica al metge de capçalera la teva intenció de fer un exercici saludable. Ell et proposarà una revisió mèdica esportiva.

5. Beneficis per a nosaltres!

És molt probable que no ens motivi l'entrenament de la resistència, però si observem els beneficis que ens pot aportar, segur que tenim prou al·licients:

- Augmenta les dimensions del cor; per això pot bombar més quantitat de sang en cada batec.
- Disminueix la freqüència cardíaca, de manera que al cor li cal menys esforç per bombar més sang.
- Augmenta la capacitat pulmonar, la qual cosa millora l'absorció d'oxigen a la sang.
- Activa el metabolisme, cosa que fa disminuir el greix i el colesterol.
- Enforteix el sistema muscular.
- Mentalment, millora la capacitat d'esforç.

Millorant la resistència millores la condició física. Això et permetrà fer les activitats quotidianes o esportives sense esgotar-te.

Sabies que...?

- A Kenya, molts nens recorren més de 10 km per anar a escola. Amb aquest entrenament no és sorprenent que de grans siguin imbatibles en proves atlètiques de llarga distància.
- El triatló és l'esport de resistència més dur que hi ha; té tres modalitats:
  - **Sprint:** 750 m de natació, 20 km amb bicicleta i 5 km de cursa a peu.
  - **Olímpica:** 1 500 m de natació, 40 km amb bicicleta i 10 km de cursa a peu.
  - **Ironman:** 3,86 km de natació, 180 km de ciclisme i 42,2 km de cursa a peu (marató).

Nens kenyans anant cap a l'escola.

Objectius competencials (aportació en competències)

- Acceptar el propi cos i les seves limitacions, tot respectant les diferències entre els companys.
- Fer un escalfament adequat d'acord amb l'activitat física que s'hagi de dur a terme.
- Aconseguir autonomia suficient en el progrés de la resistència, força, velocitat i flexibilitat, adequat a la condició física de cadascú.
- Valorar la pràctica habitual de les activitats fisicoesportives com a factor beneficiós per a la salut.
- Practicar hàbits saludables i higiènics per assolir una bona qualitat de vida.
- Fer activitats fisicoesportives d'una manera autònoma per a l'equilibri de la rutina diària.

La flexibilitat

Si volem fer els moviments habituals sense limitacions, necessitem amplitud de moviment. Aquest és l'objectiu de l'entrenament de la flexibilitat.

UNITAT 4

#AmplitudMoviment
#OutStiffness (fora la rigidesa)
#GuanyoCentímetres
#GuanyoMoviment

Sovint ens sorprèn la flexibilitat dels nens i els nadons. Quan som petits i fins als 6 anys tenim **músculs i tendons** dotats d'una gran elasticitat. El creixement, però, comporta un augment de la massa muscular, la qual cosa implica la pèrdua progressiva d'aquesta flexibilitat.

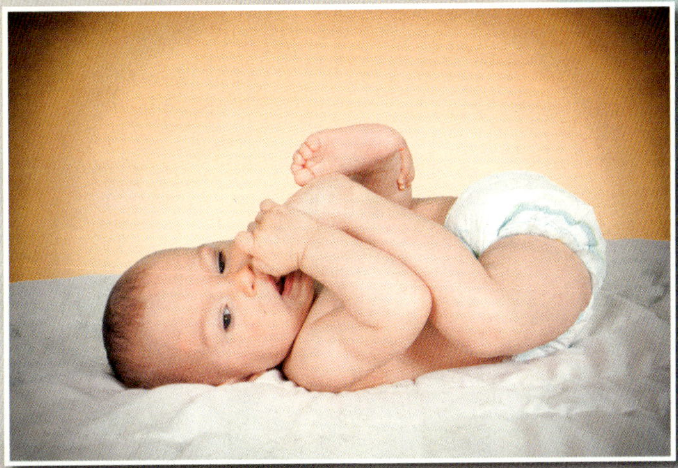

Així doncs, totes les capacitats físiques bàsiques augmenten amb el creixement, excepte la flexibilitat: cada vegada tenim més força i més resistència (tot i que no l'entrenem) i som més ràpids. Tanmateix, **la flexibilitat muscular disminueix a partir dels 11-12 anys**. Un dels objectius d'un bon entrenament físic ha de ser, doncs, alentir aquesta regressió.

1. Què és la flexibilitat?
2. Quins tipus de flexibilitat tenim?
3. Com podem millorar la flexibilitat?
4. Fem la nostra sessió de flexibilitat
5. Beneficis per a nosaltres!

Qui necessita la flexibilitat?

- Tots nosaltres, ja que la flexibilitat ens permet mantenir-nos més àgils i evitar lesions i dolors provocats per tensions musculars. Al llarg del temps s'escurça l'estructura múscul-tendó, de manera que un bon treball de la flexibilitat ens ajudarà a fer tasques quotidianes com ara cordar-nos les sabates o incrementar la mobilitat d'algunes articulacions com les del coll o l'espatlla.
- Tots els esportistes que practiquen una disciplina en la qual la flexibilitat té un paper primordial en l'execució tècnica: un gimnasta per obrir-se de cames, una patinadora per fer acrobàcies, un lluitador de taekwondo per fer un cop de peu o un atleta per saltar les tanques.
- Tots els esportistes que practiquin altres disciplines com ara el tenis, el futbol, l'handbol, etc..., ja que la flexibilitat és important per mantenir les articulacions en un bon estat i per prevenir lesions en accions puntuals com, per exemple, un xut de pilota (en què sovint cal aixecar molt la cama) o una esmaixada de voleibol (que requereix una gran amplitud en el gest).

Utilitzem la flexibilitat en moltes de les nostres tasques quotidianes.

El taekwondo és una disciplina en què la flexibilitat té un paper fonamental.

1. Què és la flexibilitat?

La flexibilitat és la qualitat física que ens permet fer moviments de gran amplitud amb alguna part del nostre cos.

La paraula *estirament* o *stretching* sempre s'associa a la flexibilitat. Defineix els exercicis encaminats a desenvolupar aquesta qualitat.

Quina part del cos genera la flexibilitat?

La **unitat múscul-tendó** és la part del cos que permet que l'articulació tingui més amplitud de moviment. El tendó és un cordó fibrós que uneix el múscul amb l'os. El múscul, per la seva banda, és el responsable de la contracció i, per tant, del moviment.

Els exercicis d'estirament permeten el desenvolupament de la flexibilitat i tonifiquen el múscul, especialment després d'un exercici intens.

La unitat múscul-tendó

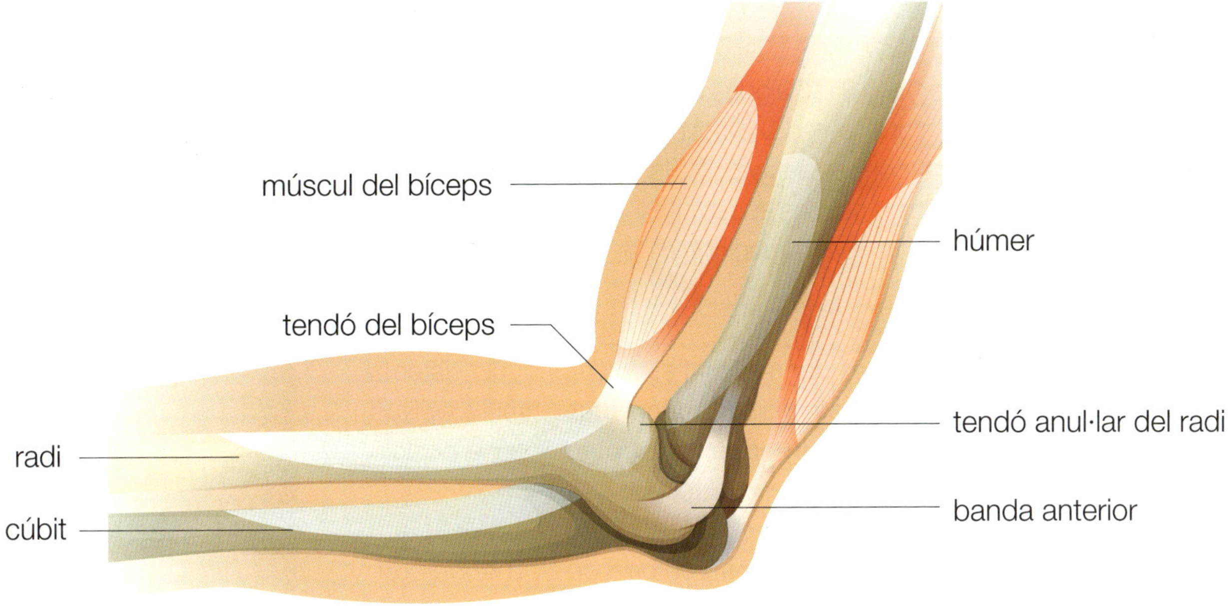

2. Quins tipus de flexibilitat tenim?

Es poden diferenciar dos tipus fonamentals de flexibilitat:

- **Flexibilitat estàtica:** és la que ens permet adoptar una posició determinada, a partir de la qual busquem un grau concret d'estirament. El treball d'aquesta qualitat s'ha de mantenir durant uns quants segons, no ha d'arribar a produir dolor i no requereix un moviment significatiu.

Utilitzem la flexibilitat estàtica en estirar el múscul de manera sostinguda.

- **Flexibilitat dinàmica:** es posa en pràctica quan fem un moviment que requereix la màxima amplitud d'una articulació i el màxim estirament muscular. El treball d'aquest tipus de flexibilitat es distingeix per l'existència d'un desplaçament important d'una o diverses parts del cos.

Glossari

Articulació: unió entre dos o més ossos. En són exemples el colze, el genoll o el turmell.

La flexibilitat dinàmica ens atorga la màxima amplitud d'una articulació en un moviment.

3. Com podem millorar la flexibilitat?

Hi ha molts mètodes per guanyar flexibilitat; alguns són més incisius i altres són més suaus i rítmics. Els primers s'utilitzen en la pràctica d'esports que necessiten molta amplitud de moviment, com el taekwondo, la gimnàstica artística, el patinatge artístic, etc., mentre que els segons es fan servir en la pràctica d'altres esports, de l'educació física o en diverses situacions de la vida quotidiana (per qüestions de salut, per exemple).

Aplicant una tensió mantinguda i controlada aconseguim que el múscul no perdi flexibilitat.

Una de les tècniques que ens poden ajudar a evitar l'escurçament del sistema múscul-tendó són els estiraments. Aquesta tècnica pretén augmentar l'amplitud de l'articulació mitjançant **tensions mantingudes i controlades** en la posició que afavoreix la màxima elongació del múscul i del tendó.

Un sistema d'estirament particular és l'anomenat *mètode de Bob Anderson*. Consisteix en el manteniment de l'estirament en una posició relaxada i sostinguda durant un lapse de temps d'entre 10 segons i un minut. Aquest temps d'estirament ha d'anar acompanyat de 2 o 3 respiracions completes i la concentració en el grup muscular que estem treballant.

La tècnica consisteix en dues fases diferenciades: un estirament relaxat i un estirament evolucionat. A la primera fase es manté en tensió el múscul en una actitud relaxada durant un lapse de temps d'entre 10 i 30 segons. El grau de tensió muscular ha de ser «còmode». A la segona fase augmentem lleugerament l'estirament mentre mantenim la posició. La tensió ha de ser controlada i lenta.

Per experimentar un guany en la flexibilitat, hauràs de fer els exercicis 3 o 4 cops per setmana, a més d'incidir en la musculatura que ho necessiti més. Només calen 5 minuts al dia.

Quan notes tensió en el sistema múscul-tendó has de mantenir la posició de 10 a 30 segons. Si acompanyes la posició amb respiracions completes i lentes, notaràs com la tibantor va minvant.

Mesurem la nostra flexibilitat

Per determinar la nostra flexibilitat, podem fer un test que mesura aquesta característica en el tronc i el maluc.

Material necessari: un calaix o un banc, i una cinta de mesurar.

Execució: ens hem de situar asseguts amb les cames juntes i esteses, amb les plantes dels peus recolzades al principi del banc. En aquest punt situem l'inici de la cinta mètrica. Tot seguit, hem de flexionar el tronc endavant i dur les mans, amb els braços estesos, tan lluny com ens sigui possible. El desplaçament ha de ser suau i progressiu, sense estrebades.

4. Fem la nostra sessió de flexibilitat

Per mantenir i millorar la nostra flexibilitat, és recomanable la pràctica d'una sèrie d'exercicis. S'han de fer a partir d'un ordre muscular, tot començant pels peus o bé pel cap. Cadascuna de les posicions s'ha de mantenir durant 15 segons.

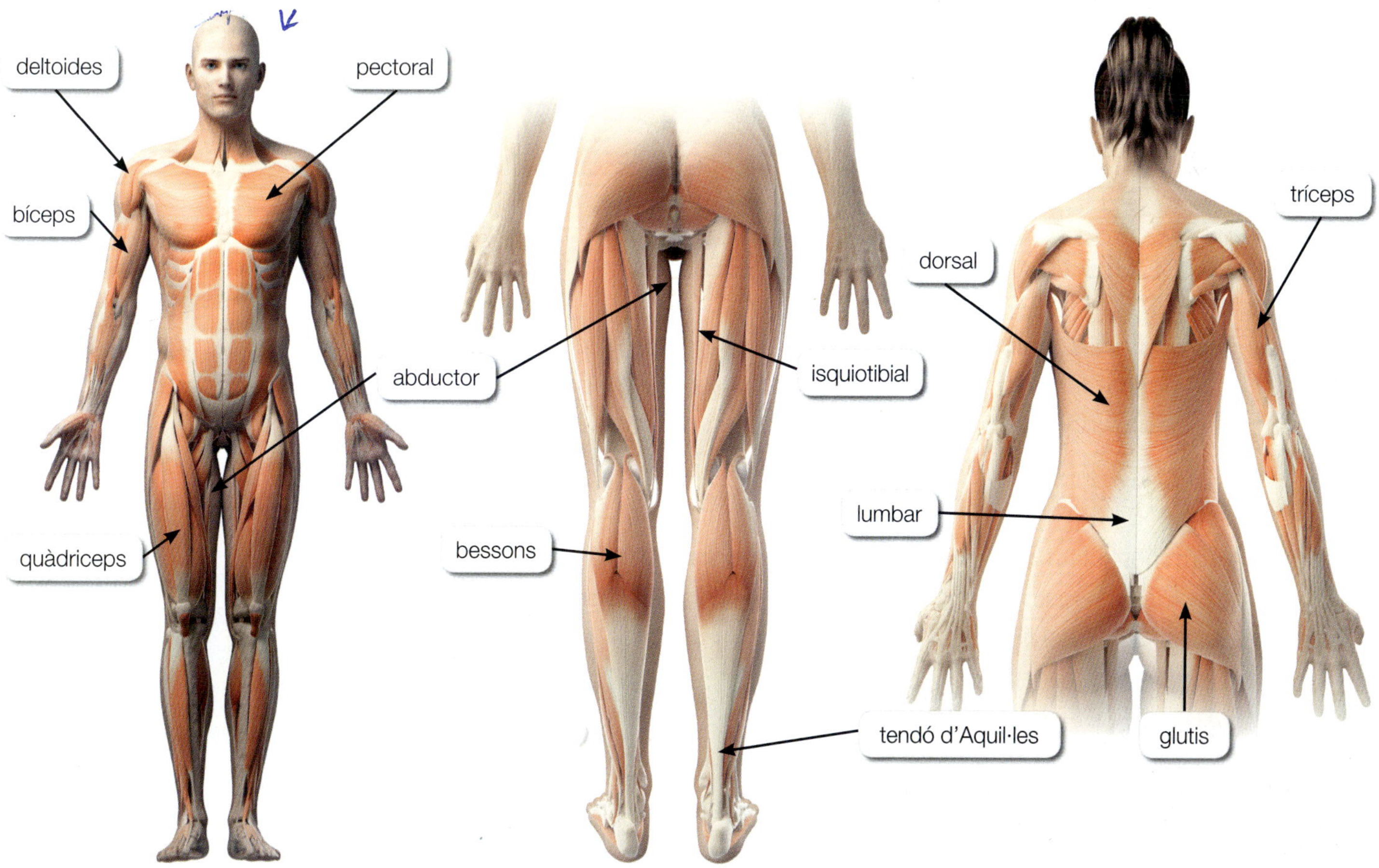

Quins músculs ho necessiten més?

- **Els músculs posturals**: són els que necessiten un treball de flexibilitat més intens, ja que duen a terme un treball de contracció constant: ens ajuden a mantenir la postura, sigui drets, en una cursa o asseguts en una cadira. La contracció constant fa que aquesta musculatura tingui més tendència a escurçar-se amb el temps i, per tant, és la que necessitem estirar més.
- Tot i que tenim musculatura postural al davant i al darrere, per ara només ens referirem a 2 músculs posturals principals: els isquiotibials i els lumbars/glutis. Durant el segon cicle abordarem la resta.
- D'altra banda, també cal estirar els músculs que participen més en l'activitat esportiva que duguem a terme habitualment. Per exemple, un futbolista fa servir especialment la musculatura de les cames; en conseqüència, aquesta és la musculatura que ha d'estirar més: els isquiotibials, els quàdriceps, els bessons, etc.

L'ésser humà té tendència a escurçar la musculatura posterior, la qual cosa ens pot dur al manteniment de postures dolentes, que comporten mal d'esquena i mobilitat limitada. Per aquesta raó cal estirar d'una manera especial la musculatura posterior.

5. Beneficis per a nosaltres!

El treball de la flexibilitat ens proporciona una sèrie de beneficis per al nostre cos:

- Disminueix la tensió muscular i, per tant, augmenta l'amplitud dels moviments de les articulacions.
- Facilita l'oxigenació del múscul i, per tant, la seva recuperació, especialment després de la pràctica d'activitat física. Per això va bé fer exercicis d'estirament després de fer una caminada o de córrer.
- Actua d'una manera preventiva sobre lesions com ara les estrebades musculars. Un múscul fort i estirat resisteix millor la tensió que un múscul fort en contracció.
- Oxigena les fibres del múscul i, per tant, en millora la irrigació. És especialment important, però, el fet que també actua sobre el tendó, que normalment està menys irrigat. Amb els estiraments volem, doncs, actuar sobre l'estructura musculotendinosa.

És recomanable fer exercicis d'estirament després de córrer o d'una caminada.

Sabies que...?

- Quan ens llevem, el cos està més rígid. A mesura que ens acostem al migdia assolim la màxima mobilitat i elasticitat, mentre que, a partir d'aquest moment, totes dues disminueixen fins arribar a la nit.
- Les dones són generalment més flexibles que els homes. Atès que tenen una musculatura més desenvolupada, els homes gaudeixen de menys flexibilitat.
- Els contorsionistes pateixen una malaltia coneguda com a *síndrome d'Ehlers-Danlos*. Es tracta d'un grup de patologies hereditàries caracteritzades per la hiperelasticitat de la pell, la hiperlaxitud articular i la fragilitat dels teixits.

La diferència en la musculatura és la causa de l'elasticitat més gran de les dones.

Objectius competencials (aportació en competències)

- Acceptar el propi cos i les seves limitacions, tot respectant les diferències entre els companys.
- Fer un escalfament adequat d'acord amb l'activitat física que s'hagi de dur a terme.
- Aconseguir autonomia suficient en el progrés de la resistència, la força, la velocitat i la flexibilitat, adequat a la condició física de cadascú.
- Valorar la pràctica habitual de les activitats fisicoesportives com a factor beneficiós per a la salut.
- Practicar hàbits saludables i higiènics per assolir una bona qualitat de vida.
- Conèixer i utilitzar les millors postures i accions motrius per al desenvolupament de les activitats diàries.
- Fer activitats fisicoesportives d'una manera autònoma per a l'equilibri de la rutina diària.

La força

1. Què és la força?
2. Quins tipus de força tenim?
3. Com podem millorar la força?
4. Fem la nostra sessió de força
5. Beneficis per a nosaltres!

Ara estàs a l'adolescència (12-16 anys). L'entrenament de la força té un paper fonamental en la teva formació i el tindrà al llarg de la teva vida.

UNITAT 5

#MusculFort #QualitatDeVida

Quan duem la motxilla a l'escola, sortim amb bicicleta amb els amics o esperem drets que arribi l'autobús, els nostres músculs estan en contracció.

Qualsevol acció esportiva o quotidiana, fins i tot mantenir el pes del nostre cos, requereix una qualitat física bàsica: **la força**.

Tenir una musculatura forta i equilibrada aporta molts beneficis saludables. Per contra, l'atròfia muscular pot donar problemes posturals i funcionals, especialment quan som grans, però també quan som joves.

En aquest Primer Cicle aprendrem quin és el concepte de força i els beneficis que té. També veurem una introducció sobre el seu entrenament. L'assoliment d'aquests coneixements ens permetran, més endavant, elaborar un entrenament autònom per millorar aquesta capacitat al llarg de la nostra vida.

Qui necessita la força?

- Tothom necessita la força: per aixecar una cadira, per dur la bossa d'anar a comprar, per falcar la moto sobre el cavallet, etc.
- Els esportistes, a més, la necessiten per a la seva activitat: per xutar la pilota, per fer una sortida de cursa amb velocitat, per fer una entrada a la cistella de bàsquet, per fer una esmaixada de voleibol, per aixecar un pes, etc.

La força, juntament amb la resistència i la flexibilitat, forma part dels tres pilars bàsics per gaudir de salut i d'una bona condició física.

A les sessions d'educació física hi ha unitats didàctiques i/o esports en els quals la força té una importància especial, com és el cas de la gimnàstica artística, el salt de corda, l'*acrosport* o els exercicis de lluita.

Activitats com ara pintar una paret posen a prova la força dels nostres braços i la nostra capacitat de resistència.

Disciplines com ara la gimnàstica artística, en aquest cas els exercicis d'anelles, demanen un intens treball de força.

1. Què és la força?

La força és la qualitat física que ens permet vèncer o oposar-nos a una resistència mitjançant una acció muscular. Es venç una resistència quan es transporta, es llança, s'aixeca, es xuta, s'empeny alguna cos...

Aquest competidor de *strongman* ha d'aixecar (vèncer-ne la resistència) el cotxe sense cap més ajuda que la seva força.

Quina part del cos genera la força?

L'aparell locomotor: els músculs i les articulacions (ossos, tendons i lligaments).

La força es genera a partir de la tensió que produeixen els músculs quan s'activen. Gràcies a aquesta tensió es pot crear un escurçament del múscul anomenat **contracció**. Quan aquest s'escurça genera una tracció sobre l'os que produirà el moviment de l'articulació.

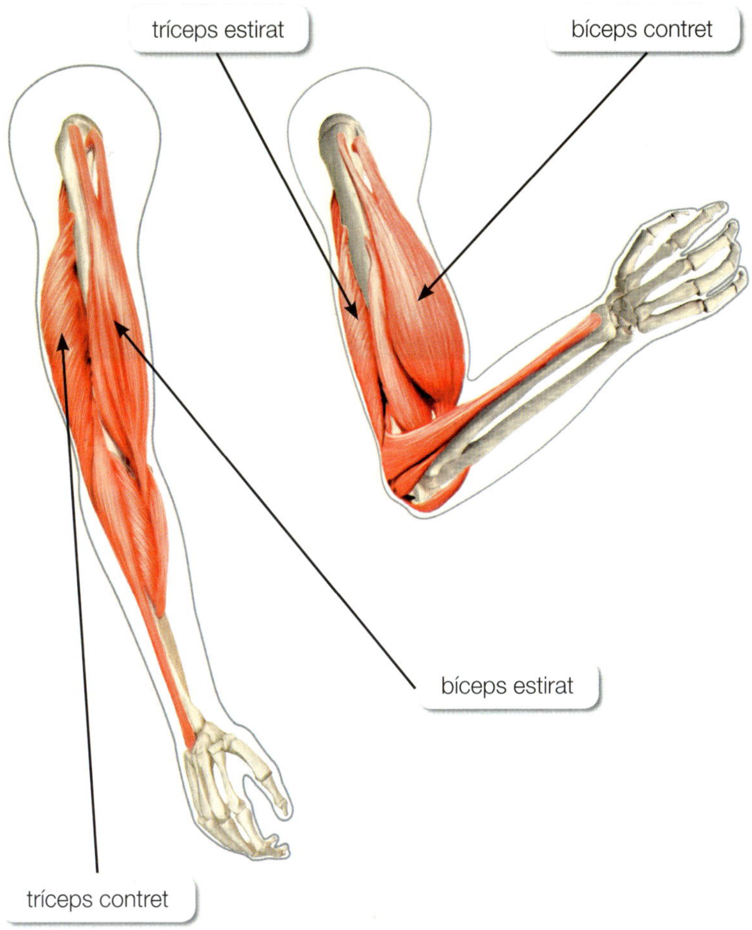

La majoria de músculs treballen per parelles l'un contra l'altre. En la il·lustració d'exemple, veiem com, quan el bíceps es contrau (s'encongeix), el tríceps es relaxa (o s'allarga) i el colze es doblega. Quan el tríceps es contrau, el bíceps es relaxa i l'articulació del colze s'estira.

Els músculs estan lligats a l'os mitjançant els tendons, que són unes tires d'una proteïna resistent anomenada *col·lagen*.

El múscul està fet de milers de cèl·lules anomenades *fibres musculars*, que normalment s'encongeixen quan es contrau el múscul.

Perquè aquesta contracció es produeixi, el múscul rep ordres del cervell (concretament del sistema nerviós central), que actua com a centre de control de tot el cos.

Com més i millor entrenis la força, més facilitat tindran els teus músculs per contraure's i més habituat estarà el cervell per donar les ordres necessàries per executar activitats i moviments tan habituals com ara saltar, remar, córrer, llançar una pilota, anar amb bicicleta, nedar, etc.

El sistema nerviós central emet una ordre als músculs dels braços perquè interceptin la pilota.

2. Quins tipus de força tenim?

Quan imaginem una persona forta, possiblement ens vénen al cap els practicants d'halterofília, els boxejadors o els culturistes, a causa del desenvolupament de la seva musculatura. Aquests esportistes practiquen un tipus de força que és **màxima**. No obstant això, entre els 12 i els 16 anys hem d'entrenar un altre tipus de força, la **força-resistència**. Així doncs, podem distingir tres tipus de força:

- **Força màxima:** consisteix en la capacitat del cos de mobilitzar una càrrega màxima. Un bon exemple de l'ús d'aquest tipus de força és l'halterofília, disciplina que consisteix a aixecar quantitats de pes màximes. Els esportistes d'alt rendiment o els professionals de qualsevol esport introdueixen aquest tipus d'entrenament en períodes determinats de la seva preparació.
- **Força-resistència:** és la capacitat de mantenir una força a un nivell constant durant el temps que duri una activitat o un gest esportiu. En són exemples pràctiques com ara el piragüisme, anar amb bicicleta i nedar de manera continuada, o accions concretes en un partit de bàsquet, de futbol, de rugbi, etc. En els gimnasos i en les classes dirigides generalment es treballa aquest tipus de força, amb vista a millorar la salut i crear una bona base muscular.
- **Força explosiva:** és la que tracta de superar la resistència amb la màxima velocitat de contracció muscular o en el mínim temps possible. Alguns exemples d'aplicació d'aquest tipus de força són el salt de llargada, el llançament de disc, el llançament de javelina, etc.

En les competicions d'halterofília, l'atleta posa a prova la seva força màxima.

La natació requereix el manteniment constant d'un nivell moderat de força.

3. Com podem millorar la força?

Hem après que durant l'adolescència s'ha d'entrenar un tipus de força molt concreta, la força-resistència. Això implica la realització d'exercicis amb una càrrega mitjana o alta, però mai màxima:

- Exercicis o jocs de lluita, com per exemple el joc d'estirar la corda.
- Exercicis o jocs de transport, com per exemple dur un company entre dos fent la cadireta amb els braços encreuats.
- Exercicis individuals en què es fa servir el pes del propi cos com a resistència, com per exemple els abdominals i les flexions de braços.

Les repeticions i la durada d'aquests exercicis sempre depenen de la càrrega desplaçada. Recomanem 10-20 repeticions, o bé una durada d'entre 30 segons i un minut.

El llançament de javelina demana una gran velocitat de contracció muscular.

A la teva edat i fins als 18 anys **has d'entrenar la força amb resistències mitjanes o baixes**, mai màximes. Els teus ossos encara estan creixent i entrenar amb càrregues molt pesants és contraproduent per al teu cos.

Exemples pràctics de jocs i exercicis de transport, lluita i col·laboració

Transport

- **Transport per parelles: *el carretó*.** L'exercici consisteix a subjectar un company o companya per les cames a l'alçada dels genolls mentre recolza les mans a terra com si fos un carretó. En aquesta posició s'ha de fer un recorregut d'uns 15 metres, després del qual s'intercanvien els papers. Aquest exercici té la virtut de fer treballar els dos membres de l'equip, el que carrega i «el carretó».
- **Transport en grup.** L'exercici consisteix a disposar grups de quatre persones que han de desplaçar uns 15 metres un company o companya que està estès al damunt d'un matalàs.

El carretó.

Lluita

- **Lluita per parelles.** Aquest exercici es fa per parelles disposades esquena contra esquena. L'objectiu és empènyer el company o companya fora d'una zona més o menys gran que delimitem amb cons.
- **Lluita en grup.** Per fer aquest exercici situem grups de 5 persones dins del cercle central o de l'àrea de llançament de tirs lliures del camp de bàsquet. L'objectiu és empènyer els companys o companyes fora dels límits del cercle.

Lluita per parelles.

Col·laboració

- **Flexió de cames per parelles.** Aquest exercici es fa per parelles disposades esquena contra esquena amb els braços entrellaçats. En aquesta posició s'han de flexionar les cames fins que els genolls arribin a una posició de 90°. Aquest exercici requereix força i coordinació, ja que els dos participants han d'empènyer alhora l'un contra l'altre.

Exemples pràctics d'exercicis individuals

La realització d'aquests exercicis es pot dividir en funció de 3 grans grups musculars, el treball dels quals es pot alternar en l'ordre que es vulgui.

1. **Grup muscular de braços o extremitats superiors.** El formen els bíceps **(1)** i els tríceps **(2)** dels braços, els pectorals **(3)**, els deltoides **(4)** i els dorsals **(5)**.

   - **Flexions de braços.** Per mitjà de l'extensió dels braços, alcem de terra el cos, que ha d'estar disposat de cara avall, completament recte, amb les cames juntes i recolzat sobre les puntes dels peus. Podem establir tres nivells de dificultat:

A l'hora de realitzar flexions de braços podem establir tres nivells de dificultat:
- Recolzant els genolls a terra.
- Sense recolzar els genolls a terra.
- Separant una mà del terra en el moment en què tenim els braços estesos (per exemple, tocant-nos el melic).

Treball muscular de les flexions de braços.

Genolls a terra.

   - **Flexions de tríceps.** Asseguts a terra, d'esquena a un banc, posem els palmells de les mans sobre el banc de manera que puguem alçar el cos tot estirant els braços. Les cames han d'estar rectes i es recolzen a terra pels talons.

Sense recolzar els genolls.

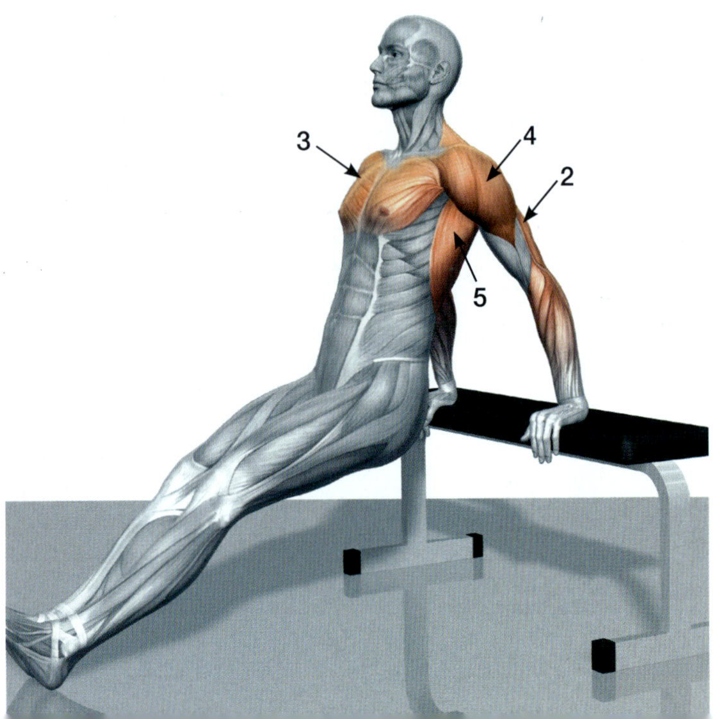

Treball muscular de les flexions de tríceps.

Separant una mà del terra.

2. **Grup muscular de cames o extremitats inferiors.** El formen els quàdriceps **(6)**, els isquiotibials **(7)**, i els bessons **(8)**.

- **El *bridge* o pont.** Un exercici que consisteix a estirar-se a terra amb les cames flexionades i aixecar la pelvis fins que formem una línia diagonal des dels genolls fins a les espatlles.
- **Flexió de cames o *squat*.** Es tracta de l'exercici més habitual per entrenar aquest grup muscular. Consisteix a flexionar les cames i el maluc per fer baixar el cos sense perdre la verticalitat. Els peus han d'estar separats i alineats verticalment amb els malucs.
- **Gambada frontal o *lunge*.** Des d'una posició dreta, amb els peus separats i alineats verticalment amb l'amplada de les espatlles, fem una passa endavant de manera que el genoll de la cama del darrere quedi flexionat en un angle de 90° i gairebé toqui a terra.

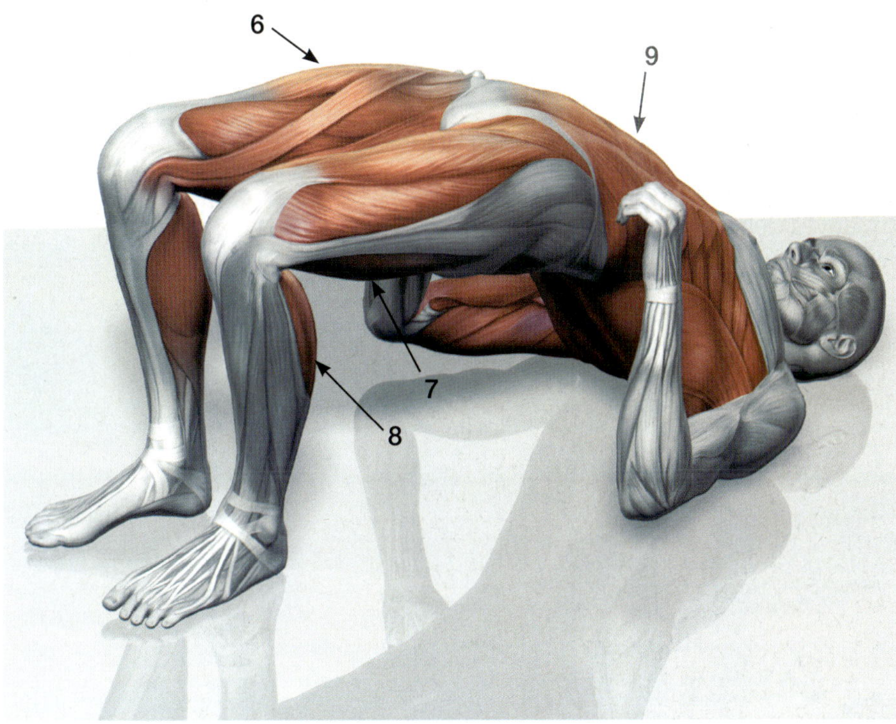

Treball muscular del pont.

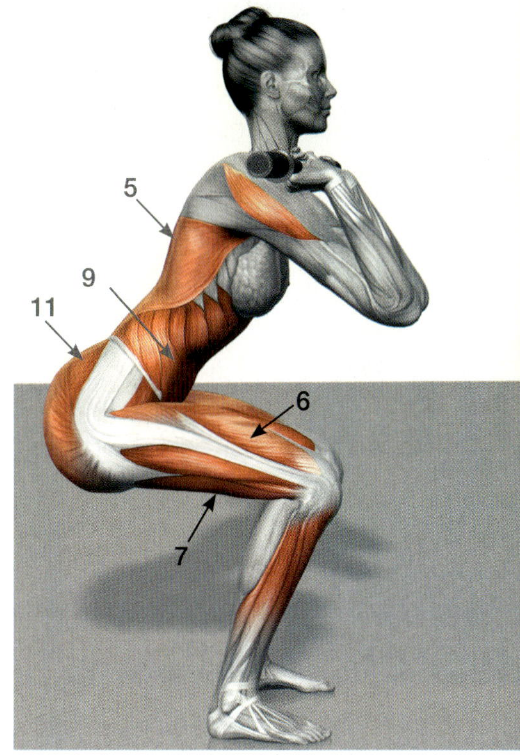

Treball muscular de les flexions de cames.

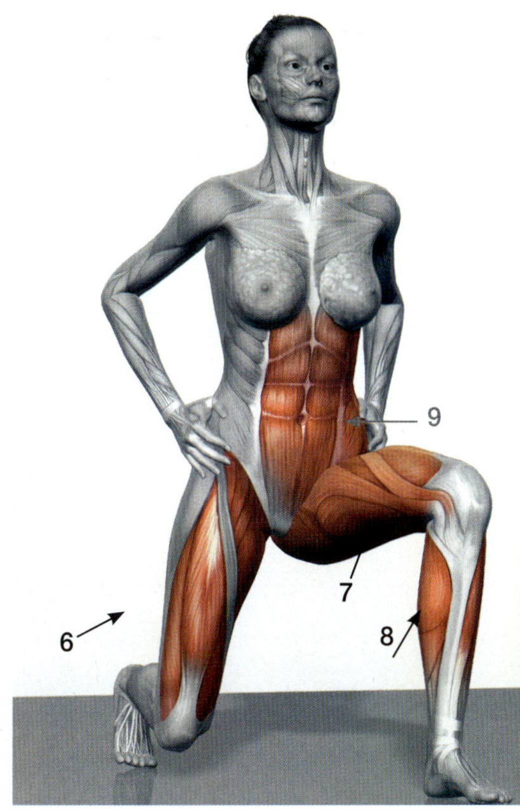

Treball muscular de la gambada frontal.

- **Salt de corda.** L'exercici consisteix a saltar per sobre d'una corda que fem passar per sota dels nostres peus i per sobre del cap. Els peus han d'estar junts.
- **Pujar escales o un banc suec.** L'exercici consisteix a pujar i baixar una superfície elevada moltes vegades (un banc suec, una plataforma, els graons de les escales…).

3. **Grup muscular mitjà o** core**.** El formen els músculs abdominals **(9)**, els lumbars **(10)** i els glutis **(11)**.
   Coneixem la importància de tenir una zona abdominal ben treballada. Tenint en compte la gran incidència que té la columna vertebral, hem d'executar els exercicis del grup mitjà correctament. Per tal de fer-ho, en primer lloc hem d'activar els abdominals de la manera següent:
   - **Pas 1:** estirats a terra de panxa enlaire, fem una retracció pèlvica, és a dir, procurem que la zona lumbar continuï en contacte amb el terra. Per tal d'assegurar-nos-en, podem col·locar els dits sota les lumbars i comprovar que es toquen. La pressió sobre la zona lumbar no ha de variar durant l'exercici.
   - **Pas 2:** empenyem el melic cap a terra i pressionem la màrfega amb la zona lumbar.

Un cop feta aquesta preactivació podem dur a terme qualsevol exercici relacionat amb el treball dels abdominals.

- **La taula.** Aquest exercici consisteix a col·locar el cos recte de bocaterrosa, recolzat amb els colzes i la punta dels peus, com si fos una taula. Podem començar l'exercici amb intervals d'uns 20 segons. Si volem augmentar el nivell de dificultat podem estendre un dels dos braços alternativament.
- Estirats amb els genolls flexionats i les plantes dels peus tocant a terra, fem elevacions del tronc en sèries de repeticions.
- També estirats a terra, fem elevacions de cames, les quals han d'estar rectes i juntes.
- Estirats a terra, aquest cop de costat, fem elevacions de cames i de tronc, alternativament o alhora.

Glossari

***Core*:** La paraula d'origen anglès *core* vol dir 'centre' i serveix per designar el grup de músculs que estan situats a la part central del cos i que s'encarreguen d'iniciar totes les accions motrius.
Per això, quan fem un xut, passem una pilota d'handbol o fem un cop de dreta de tenis, és important que el centre del cos sigui fort i estable, per tal que el moviment de les extremitats sigui ferm i precís.

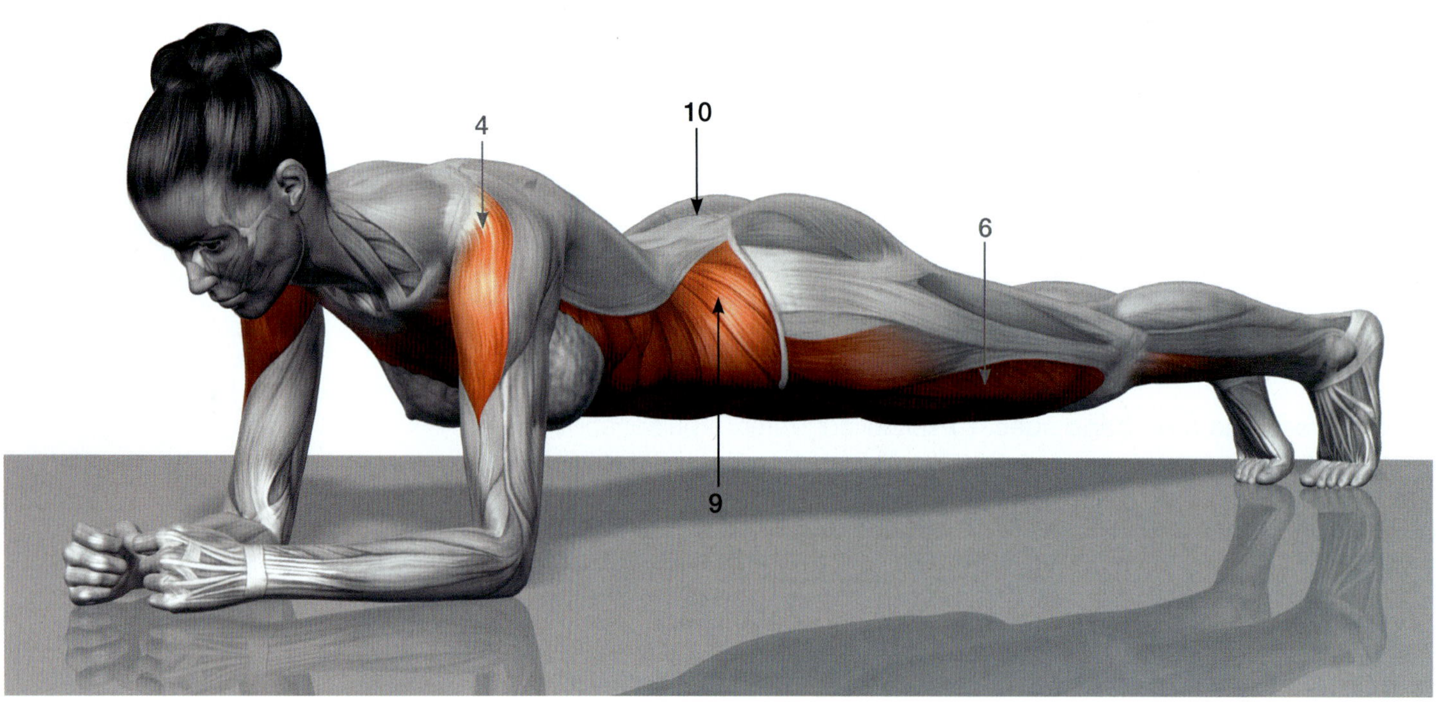

Treball muscular de «la taula».

Existeixen exercicis que ens permeten treballar els tres grups musculars alhora, com per exemple el *burpee*, també conegut com «el militar».

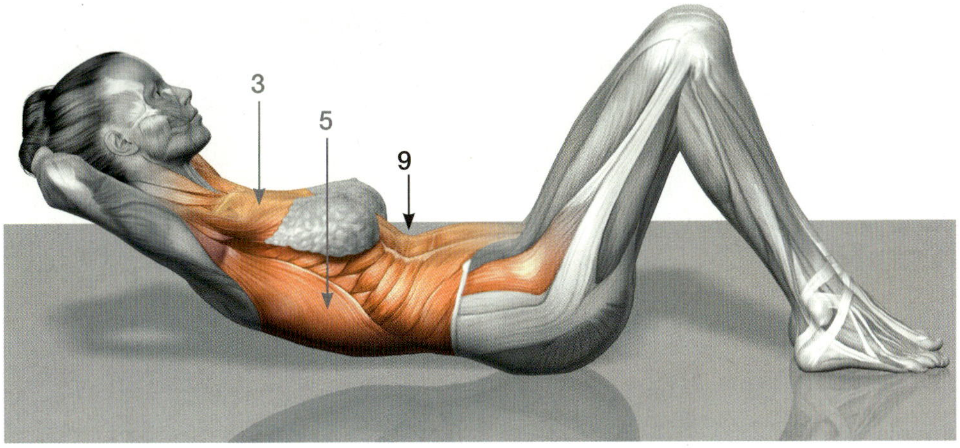

Treball muscular específic d'abdominals.

També exsteixen exercicis per al treball específic de glutis. Per dur-los a terme ens situarem de bocaterrosa amb els genolls i els palmells de les mans recolzats a terra. Alternativament, estirem una cama i el braç oposat fins a situar-los en un angle de 180° respecte de l'esquena.

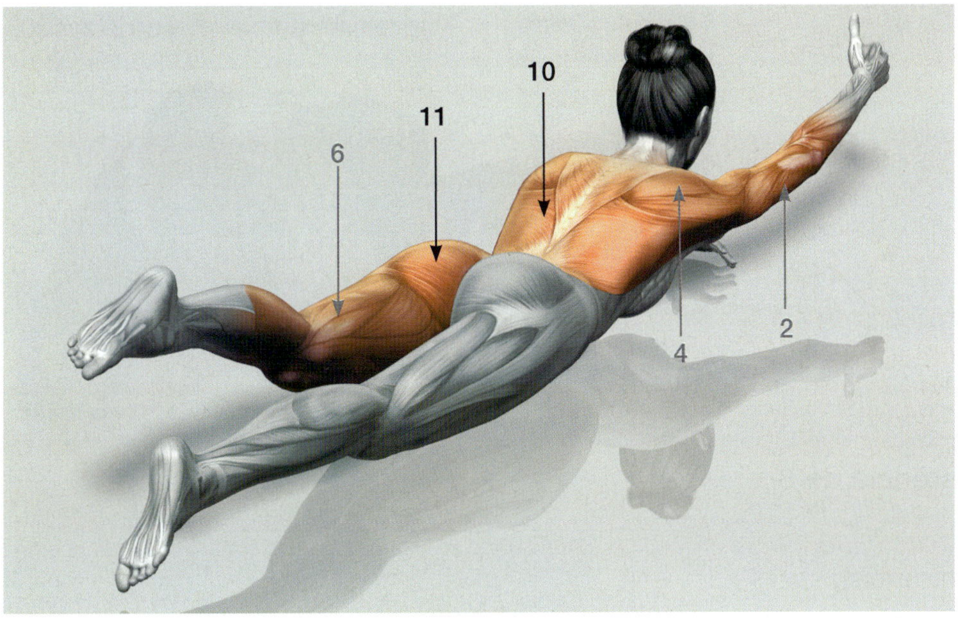

Alternativa al treball de glutis: amb l'abdomen en contacte amb el terra, alcem un braç i la cama contrària alternativament.

Burpee o «el militar».

Valorem la nostra força

Un exemple de test per valorar la força és la flexió de braços. Es tracta de fer tantes flexions com puguem sense límit de temps. Els nois han de fer flexions de braços, amb les mans una mica més obertes que les espatlles i les cames rectes. Les noies poden recolzar els genolls.

La flexió de braç és un bon test per valorar la força dels braços.

4. Fem la nostra sessió de força

- Per fer una sessió correcta de força, no ha de durar més de 30 minuts.
- Ha de treballar els 3 grans grups musculars d'una manera alterna per entrenar tot el cos i perquè el treball sigui equilibrat. La combinació és millor si s'hi intercala algun exercici de resistència o de cursa.
- Durant la sessió s'han de fer de 10 a 20 repeticions. L'estat inicial de la nostra condició física marca la progressió del nombre de repeticions.

Els circuits per estacions

Els circuits per estacions són una bona manera de treballar la força a casa o a classe. Cada estació de treball equival a un exercici dels que hem vist. La durada de cada estació està determinada per un nombre concret de repeticions, per exemple 15, o bé per un límit temporal, per exemple 30 segons.

Anomenem *sèrie* la realització de totes les estacions. Si programem un circuit de 5 a 8 estacions, es poden fer un total de 3 sèries.

A casa és recomanable la realització de circuits de 4 o 5 estacions.

És important fer exercicis d'estiraments al final de la sessió.

Exemple de circuit de força i resistència de 8 estacions:

- **Càrrega total:** tres sèries de 8 estacions (exercicis).
- **Càrrega per estació:** 30 segons.
- **Descans:** 3 minuts entre cada sèrie (entre estacions no hi ha descans).

1
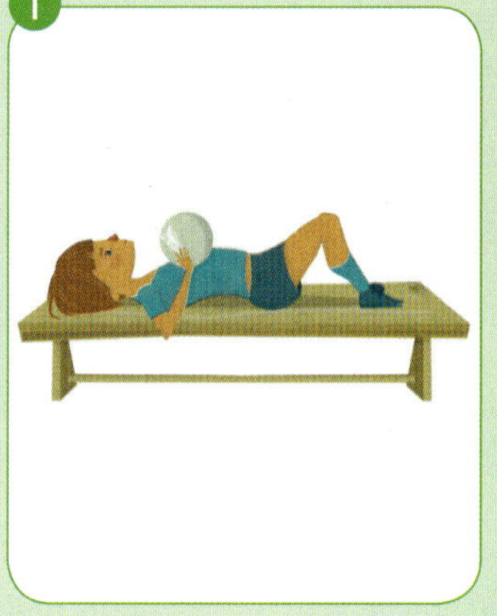
Estirats al banc suec, d'esquena amb les cames doblegades, aixequem una pilota medicinal.

2

Amb una cama sobre el banc, pugem tan amunt com ens sigui possible. Alternem les dues cames.

3

Estirats d'esquena a terra, amb les cames aixecades i els genolls doblegats, toquem amb el colze el genoll oposat.

4

Flexions de tríceps amb les mans al banc, els peus a terra i les cames rectes.

5

Amb les puntes dels peus sobre el calaix, fem pujar i baixar el cos estirant els turmells.

6

Flexions dels braços sobre el banc.

7

Aixequem les cames i duem els genolls al pit, agafats a l'espatllera.

8

Llançaments de pilota medicinal contra la paret, per sobre del cap.

5. Beneficis per a nosaltres!

Els beneficis de l'entrenament de la força per al nostre cos són:

- **Augment de la grandària del múscul i dels tendons i increment de la fortalesa dels lligaments.** Totes aquestes millores contribueixen a prevenir lesions: un bon múscul ajuda a evitar que les articulacions se sobrecarreguin. Imaginem la recepció a terra després d'un salt. El pes de tot el cos recau principalment sobre els genolls i els turmells. Una bona musculatura a les cames fa que les articulacions no pateixin.

Els salts requereixen una musculatura desenvolupada en totes dues fases: l'elevació i la recepció.

- **Millora de la postura del cos.** Hi ha zones del cos en què la musculatura està poc desenvolupada (sovint els abdominals), mentre que en d'altres la musculatura és massa forta i no es relaxa (per exemple, els trapezis). El pas del temps i els mals hàbits poden fer que la musculatura es desenvolupi d'una manera desigual i poc equilibrada. Si enfortim la musculatura de forma general, millora la nostra postura corporal.
- **Circulació de la sang més fluida.** L'entrenament regular de la força produeix un increment dels vasos sanguinis que irriguen el múscul i fa que hi arribin més oxigen, més combustible i més nutrients.
- **Prevenció de lesions.** Un bon múscul ajuda a evitar que les articulacions se sobrecarreguin. La majoria d'esquinços de turmell es podrien evitar si la musculatura, els lligaments i els tendons implicats en la sessió estiguessin més forts.

La fortalesa muscular ens pot ajudar a mantenir una bona posició i a evitar que se sobrecarreguin alguns músculs determinats, com ara els trapezis.

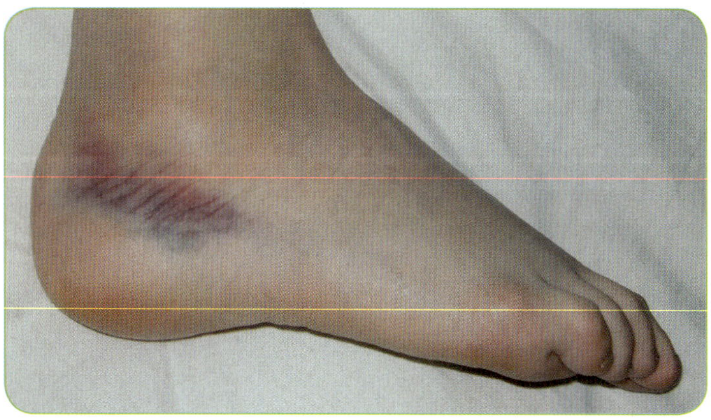

Un esquinç, en aquest cas de turmell, és una lesió dels lligaments per distensió, estirament excessiu, torsió o esquinçament.

A partir dels 30 anys i fins i tot abans, si no es manté la musculatura activa, es pot perdre entre 1 i 2 kg de teixit muscular cada 10 anys. Per tant, als 70 anys haurem perdut una tercera part de la musculatura que teníem als 30.

- **Rehabilitació de lesions.** Després de la immobilització d'una articulació lesionada la musculatura s'atrofia. Per tornar a una funcionalitat plena, s'ha de recuperar la força de la musculatura afectada.

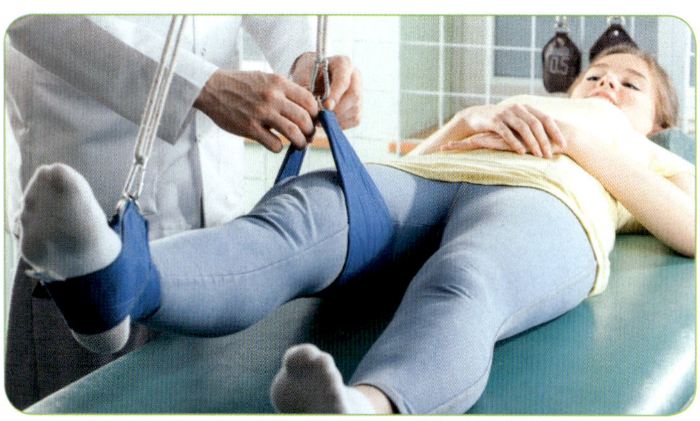

Sessió de rehabilitació en un hospital. Els accidentats tarden un quant temps a recuperar la plena mobilitat i la massa muscular.

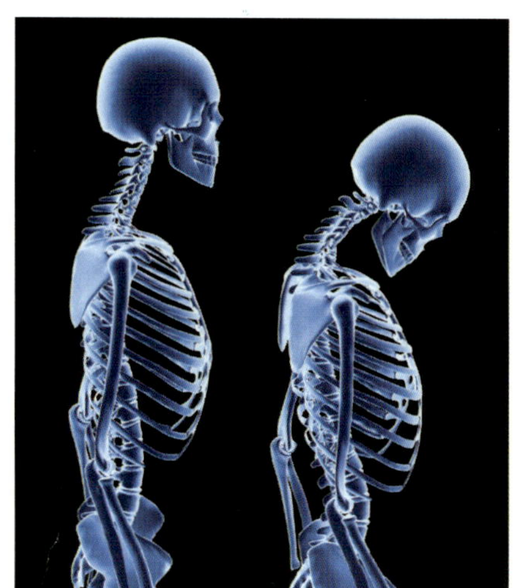

A l'esquerra, columna vertebral d'una persona jove. A la dreta, columna vertebral d'una persona gran afectada per una osteoporosi severa.

- **Prevenció de l'osteoporosi** (desgast dels ossos quan ens fem grans). Les tensions que el múscul provoca sobre l'os durant l'entrenament de la força i de moltes altres activitats físiques ajuden a augmentar la massa òssia (densitat òssia).

Sabies que...?

- A partir de la pubertat els nois guanyen força amb molta més facilitat que les noies, perquè segreguen més quantitat d'una hormona anomenada *testosterona*. L'hormona que segrega la dona és l'*estrogen*.
- Tenim aproximadament 650 músculs, dels quals més de 50 són a la cara. Se'n fan servir 17 per somriure, però més de 40 per arrufar el nas. Els músculs representen gairebé el 40 % del pes total del cos en els homes i una mica menys en les dones. En conjunt pesen molt més que els ossos.
- El múscul més gran és el gluti major i el més petit és el múscul estapedial (o múscul de l'estrep), que és a l'orella i té una mida de 0,27 mm. La seva funció és evitar lesions a l'orella mitjana i interna.
- Hi ha dos músculs en el cos que no descansen mai: el múscul cardíac, que es contrau 60 o 70 vegades per minut, i el múscul llis de l'intestí, que no para de moure's.
- La majoria de rampes són el resultat del sobreesforç d'un múscul o del manteniment prolongat d'una mateixa posició. Per rebaixar el dolor hem d'estirar el múscul afectat per tal que torni al seu estat original.
- Les estrebades musculars es produeixen quan es força massa un múscul fins que es trenquen algunes de les fibres musculars. Alguns d'aquests microtrencaments es poden confondre amb el dolor provocat pel cruiximent.

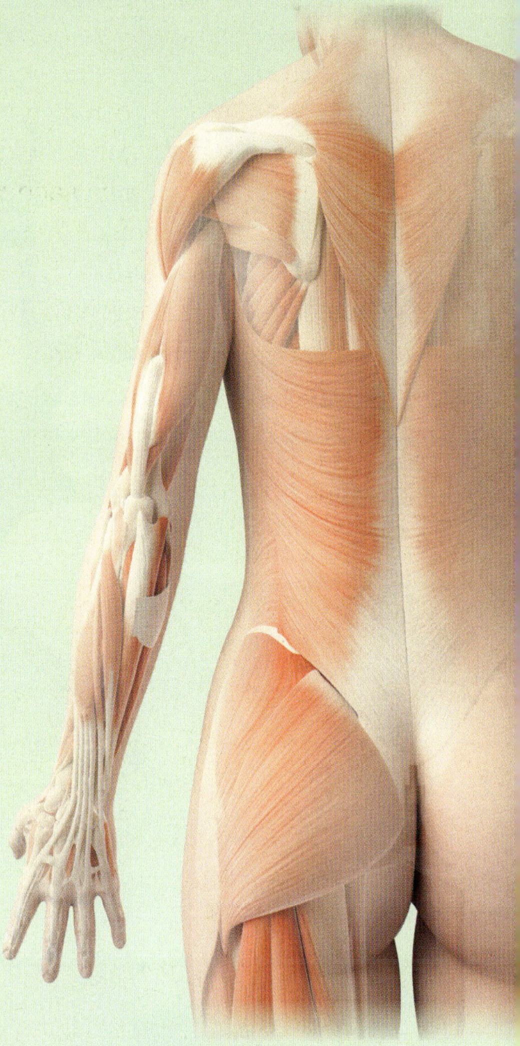

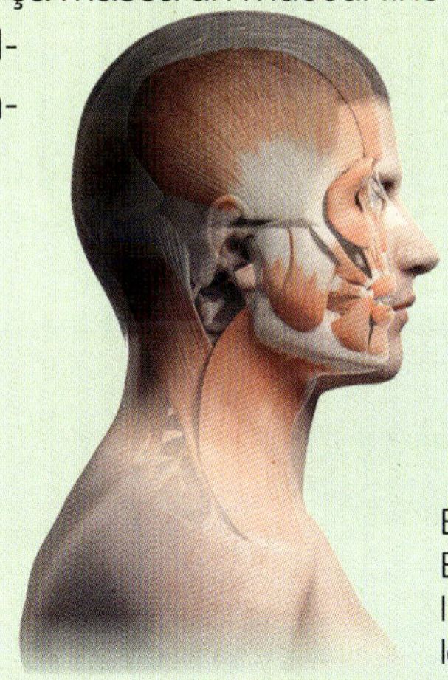

El cos humà està format per uns 650 músculs. El més gran és el gluti major i el més petit, l'estapedial. De tots aquests músculs, 50 es localitzen a la cara. Només per somriure necessitem 17 músculs.

Objectius competencials (aportació en competències)

- Acceptar el propi cos i les seves limitacions, tot respectant les diferències entre els companys.
- Fer un escalfament adequat d'acord amb l'activitat física que s'hagi de dur a terme.
- Aconseguir autonomia suficient en el progrés de la resistència, força, velocitat i flexibilitat, adequat a la condició física de cadascú.
- Valorar la pràctica habitual de les activitats fisicoesportives com a factor beneficiós per a la salut.
- Practicar hàbits saludables i higiènics per assolir una bona qualitat de vida.
- Conèixer i utilitzar les millors postures i accions motrius per al desenvolupament de les activitats diàries.
- Fer activitats fisicoesportives d'una manera autònoma per a l'equilibri de la rutina diària.

La velocitat

1. Què és la velocitat?
2. Quins tipus de velocitat tenim?
3. Com podem millorar la velocitat?
4. Fem la nostra sessió de velocitat

Quan executes una tècnica esportiva amb velocitat, vol dir que la domines i que assoleixes un objectiu d'efectivitat.

UNITAT 6

#CorreiVola

En la nostra activitat diària hi ha situacions en què tenim poc temps per actuar i necessitem moure'ns amb rapidesa: córrer per no perdre un autobús o el metro, travessar un pas de vianants abans que canviï el semàfor, atrapar un plat per evitar que caigui a terra...

Com veiem, la velocitat està present en molts moments de la vida quotidiana. De la mateixa manera, és imprescindible per a la pràctica de l'esport: xutar, llançar, córrer o driblar més ràpidament ens garanteix un rendiment més bo.

No sempre tenim la mateixa velocitat, sinó que evoluciona d'una manera paral·lela a la força: millora sensiblement a partir dels 7-8 anys i fins als 12-13 anys; a partir d'aquesta edat, segueix desenvolupant-se fins que arriba al màxim nivell entre els 18-23 anys, moment en què s'estabilitza i comença a minvar a causa de la pèrdua progressiva de coordinació i, més endavant, de força.

Qui necessita la velocitat?

- Tothom necessita la velocitat en la vida quotidiana: per córrer o per reaccionar a qualsevol senyal inesperat.
- Els esportistes, a més, la necessiten per a la seva activitat: per interceptar una passada de pilota, per guanyar una cursa, per fer un esmaixada de bàdminton o per fer anar el floret a l'esgrima.

En les sessions d'educació física, sobretot en les unitats didàctiques relacionades amb l'esport, la velocitat té una importància molt especial: atletisme, bàdminton, voleibol... Hi ha moltes accions tècniques com ara les fintes (enganys) o la intercepció de la pilota, en les quals la velocitat de l'acció té una gran importància.

Tothom necessita ocasionalment la velocitat en les activitats quotidianes.

Sortida de la prova de 100 metres llisos. En esports com ara l'atletisme, la velocitat és fonamental.

1. Què és la velocitat?

La velocitat és la qualitat física que ens permet fer un gest, un moviment o un desplaçament en el mínim temps possible.

En la unitat dedicada a la força hem vist que els músculs treballen per parelles. Quan l'un es contrau, la seva parella es relaxa; la velocitat depèn d'aquesta coordinació entre músculs.

Quina part del cos genera la velocitat?

El sistema neuromuscular és el responsable de la rapidesa de la contracció muscular. Els músculs estan accionats per nervis motors que regulen la contracció i per nervis sensitius que informen el cervell del seu estat i de la seva intensitat.

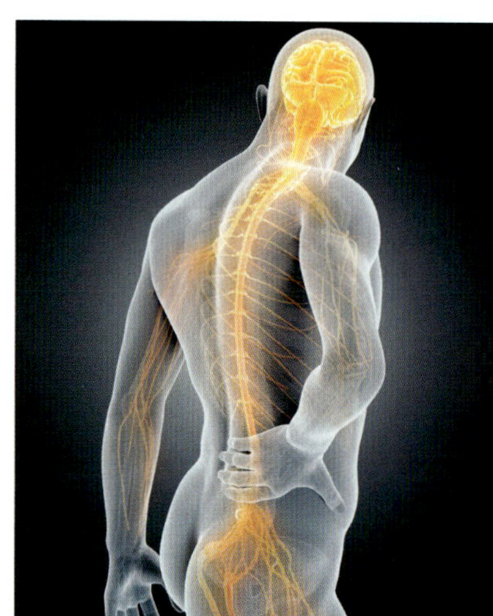

A través del sistema nerviós el cervell envia ordres als músculs i, al seu torn, és informat del seu estat.

Quins són els factors que determinen la velocitat?

La rapidesa de la resposta muscular depèn en gran mesura de la intensitat de l'ordre emesa pel cervell, com en el cas de la reacció instintiva a una amenaça o un perill.

1. **Factor muscular.** Tothom neix amb un tipus de musculatura heretada que no es pot canviar; hi ha individus que tenen els músculs més ràpids i n'hi ha que els tenen més lents. La causa d'aquesta diferència és el percentatge de fibres ràpides i lentes que formen el múscul.

   Tanmateix, hi ha altres factors que sí que poden modificar la velocitat a nivell muscular, com ara la tensió, la capacitat d'estirament i la massa. Així doncs, la millora de la força propicia una millora de la velocitat.

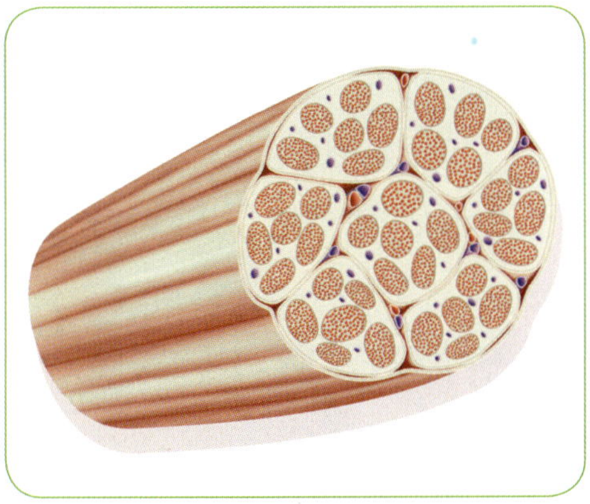

Fibres lentes > fibres ràpides
Múscul lent

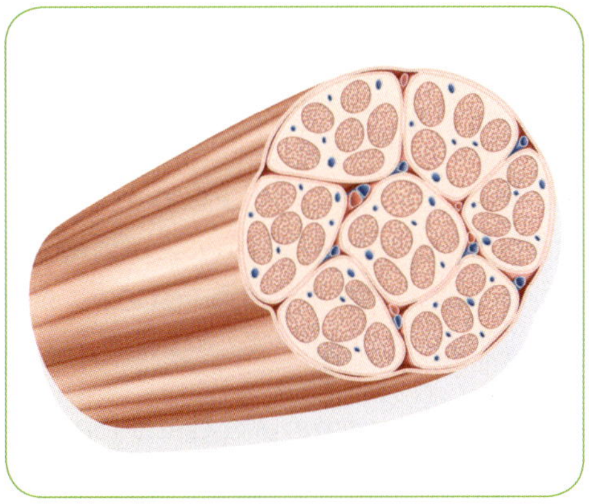

Fibres ràpides > fibres lentes
Múscul ràpid

2. **Factor nerviós.** El cervell és qui envia l'ordre al múscul perquè es contragui ràpidament. Aquesta ordre, transmesa pel sistema nerviós, pot ser més o menys intensa, de la qual cosa dependrà la rapidesa de l'acció muscular final. Com hem vist a la unitat dedicada a la força (unitat 5), els músculs treballen per parelles: quan l'un es contrau, el contrari es relaxa. Si ho fan de manera coordinada, l'acció resultant és més ràpida.

Com més intensitat d'estímul, més velocitat de contracció.

3. **Factors físics.** Són els que afecten la condició física general. Per exemple, l'excés de pes és perjudicial per a la velocitat. El sobrepès té el mateix efecte per a la velocitat que si anem carregats amb elements com una motxilla.

La condició física general afecta molt la velocitat.

2. Quins tipus de velocitat tenim?

Quan imaginem una persona veloç, possiblement ens vénen al cap els corredors d'atletisme dels 100 metres llisos. Aquests esportistes posen en pràctica el tipus de velocitat més visible, la **velocitat de desplaçament**, però hi ha altres tipus de velocitat que intervenen en les accions molt ràpides.

→ Nomenar-los i posar exemple

- **Velocitat de reacció.** És la capacitat de respondre a un estímul determinat en el mínim temps possible. Des de l'instant en què el sistema nerviós llança l'ordre de moviment fins que aquesta ordre arriba a les fibres musculars i fa que es contraguin, hi ha un interval de temps. La durada d'aquest interval determina la velocitat de reacció.
  Podem posar com a exemples d'aquest tipus de velocitat la parada d'un porter o la sortida d'una cursa de 100 metres.
  Aquest tipus de velocitat està caracteritzada per aspectes hereditaris i és poc millorable amb l'entrenament.

- **Velocitat gestual.** És la capacitat de fer un moviment amb una part del cos en el mínim temps possible, com, per exemple, en un llançament a porteria en handbol o en un cop de revés en tenis. També se l'anomena *velocitat segmentària.*

- **Velocitat de desplaçament.** És la capacitat de recórrer una distància en el mínim temps possible, com per exemple la prova de 100 metres braça de natació. En quest tipus de velocitat hi ha un desplaçament de tot el cos gràcies a la realització de moviments cíclics o de repetició contínua, com el braceig a l'aigua o la gambada en una cursa.

La velocitat de reacció és clau per al tir al plat, en què l'estímul és el llançament del plat i la reacció, el tret.

Un jugador d'handbol desenvolupa una gran velocitat gestual en els llançaments.

Un atleta en ple ús de la seva velocitat de desplaçament.

3. Com podem millorar la velocitat?

Velocitat de reacció:

Per millorar la velocitat de reacció, podem fer servir qualsevol exercici que consisteixi a arrencar a córrer en sentir un senyal acústic, visual o tàctil.

El treball de força amb les cames ens serveix per entrenar la velocitat.

Pots millorar la velocitat treballant la força, però hi ha un factor genètic que no podem modificar.

Velocitat de desplaçament:

Per millorar la velocitat de desplaçament, podem dur a terme exercicis que enforteixin els músculs de les cames, com ara saltar a corda o fer sèries de pujar escales o córrer en pendent.

Velocitat gestual:

Per millorar la velocitat gestual, podem fer repeticions de qualsevol gest tècnic a la màxima velocitat o amb càrrega/oposició.

La repetició d'un gest tècnic, com el llançament a cistella, permet millorar la velocitat de realització.

Enfortir els músculs de la cama saltant a corda o amb sèries de cursa en pendent permet millorar la velocitat de desplaçament.

Velocitat general:

També podem desenvolupar la velocitat per mitjà de jocs com l'1, 2, 3. En aquest joc, els participants es posen drets l'un al costat de l'altre, i el professor o entrenador els ha de dir una xifra de l'1 al 3. Si senten l'1, s'han de quedar drets; si senten el 2, s'han d'asseure, i amb el 3, s'han d'estirar a terra. L'últim que fa l'acció o el que s'equivoca és eliminat.

Els jocs de velocitat com l'1, 2, 3 i d'altres de similars ens permeten millorar la velocitat gestual i de reacció. Si hi afegim alguna variant de carrera també estarem treballant la velocitat de desplaçament.

Valorem la nostra velocitat

Per valorar el nostre nivell de condició física pel que fa a la velocitat, podem dur a terme una senzilla prova de **velocitat de desplaçament**, un test de cursa de 50 metres que consisteix simplement a recórrer aquesta distància en el mínim temps possible.

La cursa dels 50 metres és un bon test per mesurar el progrés de la nostra velocitat.

4. Fem la nostra sessió de velocitat

Podem planificar la nostra sessió de velocitat en funció de la realització de sèries de cursa. En aquest cas, cal tenir en compte que la distància recorreguda no pot ser mai superior a 250 metres. Per exemple, podem planificar 5 sèries de 20 metres per començar i arribar a un màxim de 5 sèries de 50 metres.

- La intensitat de la cursa ha de ser màxima, al 100 % de les nostres possibilitats.
- La durada de la sessió no pot superar els 15 minuts. Si superéssim aquest límit, estaríem fent una sessió de resistència.
- El treball de la velocitat no ha de ser continu. D'aquesta manera evitem l'aparició de la fatiga.
- Hem de planificar les sessions per tal de treballar tots tres tipus de velocitat, és a dir, de desplaçament, gestual i de reacció.
- En aquest tipus d'entrenament és fonamental la cerca de la motivació. La motivació és clau per a la millora del rendiment.

El voleibol és un bon esport per entrenar els tres tipus de velocitat.

Esquema d'una sessió de velocitat.

Sabies que...?

- Els músculs més ràpids són els músculs elevadors de les parpelles: poden obrir-les i tancar-les 5 cops per segon.
- L'esternut humà va a una velocitat de 160 km/h.
- El rècord mundial de velocitat d'una cursa de 100 metres llisos el té Usain Bolt, que va recórrer aquesta distància en 9,58 segons. Hi ha estudis que situen el límit humà en 9,48 segons, aproximadament.
- El rècord de velocitat en natació (estil lliure en piscina de 50 m) de 50 i 100 metres està en mans d'un brasiler, César Cielo, que va recórrer aquestes distàncies en 20,91 i 46,91 segons, respectivament.
- Els senyals nerviosos poden viatjar per les fibres nervioses a 322 km/h.

Els músculs més ràpids del cos humà són els de les parpelles, que tenen l'objectiu d'humitejar i protegir els ulls (de l'excés de llum i dels cossos estranys).

Els rècords mundials de les principals proves de velocitat, els 100 i els 200 m llisos, els té Usain Bolt.

Objectius competencials (aportació en competències)

- Acceptar el propi cos i les seves limitacions, tot respectant les diferències entre els companys.
- Fer un escalfament adequat d'acord amb l'activitat física que s'hagi de dur a terme.
- Aconseguir autonomia suficient en el progrés de la resistència, força, velocitat i flexibilitat, adequat a la condició física de cadascú.

Hàbits saludables i higiènics

Els hàbits saludables són essencials per mantenir-nos sans i en forma: fan que tinguem una vida millor.

1. Què és un hàbit saludable?
2. L'hàbit alimentari
3. L'hàbit del consum d'aigua: la hidratació
4. L'hàbit de l'exercici físic
5. L'hàbit de dormir bé
6. L'hàbit de la higiene
7. Temps de lleure i per relacionar-nos

UNITAT 7

#HealthyHabits #SomElQueMengem

Quan parlem d'hàbits ens referim a algunes conductes determinades que podem modificar per mantenir una bona salut i una bona qualitat de vida.

- Dormir correctament i les hores necessàries és molt important. Mentre descansem es produeixen la major part dels processos de creixement, manteniment i reparació del cos.

- Mantenir una dieta equilibrada és fonamental. Hem de saber en què consisteix una dieta equilibrada, quins aliments són beneficiosos i quins cal evitar.

En aquesta unitat tractarem els hàbits que podem incorporar o evitar en el nostre dia a dia per tenir una vida més saludable: l'alimentació, el descans, l'aigua i la hidratació, el tabac i l'alcohol, la pràctica d'exercici físic i la higiene, etc.

Qui necessita hàbits saludables?

Des de l'any 1958 es duu a terme un estudi sobre l'envelliment als Estats Units, anomenat *estudi longitudinal de Baltimore*. Aquest estudi ha demostrat que les característiques de l'envelliment són determinades en un 30 % per la genètica (qualitat cel·lular), però que un 70 % d'aquestes característiques estan relacionades amb l'estil de vida i la farmacologia.

L'esperança de vida ha anat creixent i la població occidental està més conscienciada de la necessitat d'introduir **hàbits saludables** per poder gaudir d'un cos i una ment de bona qualitat el màxim temps possible.

El 70 % de les característiques del nostre envelliment depèn dels nostres hàbits de vida.

La població occidental està conscienciada de la necessitat de mantenir hàbits saludables.

1. Què és un hàbit saludable?

És un costum que incorporem al nostre comportament habitual, que perdura en el temps i que ens permet fer una vida saludable.

Per tenir uns bons hàbits cal reconèixer-los, anomenar-los i saber quins són. Si aconseguim convertir-los en una part del nostre estil de viure, ens sentirem millor i amb més energia.

L'etapa més important per estimular els hàbits saludables és dels 6 als 16 anys. Durant aquest període hem de tenir en compte dos factors fonamentals:

- Mantenir una dieta saludable com a factor primordial.
- Practicar exercici físic regularment.

L'etapa entre les edats de 6 i 16 anys és fonamental per a la introducció d'hàbits saludables.

2. L'hàbit alimentari

L'aliment és la nostra energia. L'etapa de l'adolescència es caracteritza per grans canvis físics i emocionals. És l'edat de les grans estirades, i una bona dieta ens permet créixer amb plenitud, prevenir malalties i mantenir un rendiment intel·lectual i esportiu òptim.

Entre els 12 i 16 anys sorgeixen canvis d'humor i emocionals derivats del procés de creixement. En determinats períodes podem tenir molta gana i en d'altres menys, però sempre és important tenir una alimentació sana.

La nostra societat ens presenta una oferta alimentària molt àmplia. Menjar bé és fàcil, només cal saber quins tipus d'aliments són convenients i quina proporció és la recomanable.

Als mercats i als supermercats trobem una àmplia oferta alimentària que ens facilita el manteniment d'una dieta equilibrada.

Com ha de ser la dieta?

La nostra dieta ha de ser variada i ha d'incloure els nutrients fonamentals que pots veure a la taula: proteïnes, hidrats de carboni, greixos, vitamines i minerals, aigua i fibra. Les vitamines necessàries les obtindrem a partir de la **varietat d'aliments.**

- **La fruita i la verdura.** Són fonamentals cada dia. Per exemple, els sucs de fruita, rics en vitamina C, contribueixen a evitar les baixades de defenses en un moment de canvi com l'adolescència.
- **Els lactis.** La ingesta diària de productes lactis potencia el creixement i aporta el calci necessari per al nostre organisme.
- **El peix i el marisc.** És especialment recomanable el **peix blau** (tonyina, sardina, salmó, verat), perquè aporta altes concentracions de vitamina A i D, molt necessàries en l'època de creixement. Els **calamars**, la **sípia** i els **musclos** també són productes molt aconsellables.
- **Les proteïnes.** Són vitals per aconseguir una bona base muscular i també per a un bon funcionament del cervell. Si no consumim prou proteïnes, falla la capacitat intel·lectual. No ens hem d'oblidar d'**esmorzar correctament** per tal de tenir un bon rendiment a classe.
- **Els greixos.** Són necessaris per complir funcions molt importants, però cal moderar-ne el consum. S'ha de controlar la ingesta de menjar ràpid i prefabricat, pastes industrials o embotits.
- **Els hidrats de carboni.** Són el combustible del nostre cos. Com que són d'absorció lenta, és ideal consumir-ne abans de la pràctica esportiva. Per la mateixa raó, no és aconsellable ingerir-ne a l'hora de sopar, ja que, mentre dormim, costa més cremar-los. Els hidrats haurien de formar el 50 % de la nostra dieta.

Una dieta equilibrada s'ha d'adaptar a les necessitats del nostre cos. Per exemple, en l'edat de creixement el calci o les vitamines són especialment importants.

Nutrients fonamentals		Localització	
Macronutrients	Hidrats de carboni		pasta, cereals, arròs, pa i verdures
	Proteïnes		carn, peix, ous, formatges
	Greixos		formatges, mantega, oli, fruita seca
Micronutrients	Vitamines		fruites
	Minerals		hortalisses, llegums i vegetals
Aigua	No és dins de cap dels anteriors grups de nutrients, però és fonamental per a la vida.		
Fibra		segó de blat, pa integral, patates, col, pastanaga, poma, enciam, api, taronja	

Proporció saludable de cada tipus d'aliment

Menjar de tot, però, no és suficient, també cal **repartir la ingesta calòrica** entre els diferents tipus de nutrients de la manera següent: no s'ha d'oblidar la ingesta de verdures, hortalisses i fruita, ja que aporten vitamines i minerals imprescindibles.

Segons la freqüència de consum recomanat, podem fer una composició en forma de piràmide, la «piràmide dels aliments», que ens pot ajudar a organitzar la nostra dieta diària.

Ingesta calòrica

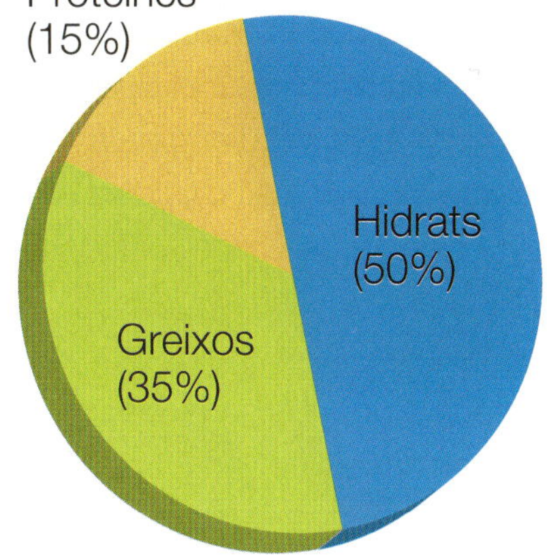

A Espanya, 1 de cada 5 persones adultes pateix obesitat. En la majoria dels casos, la causa d'aquest problema deriva de la manca d'activitat física.

3. L'hàbit de consum d'aigua: la hidratació

L'aigua és imprescindible: dues terceres parts del cos humà estan formades d'aigua.

Un adult perd entre 1,5 i 2 litres d'aigua al dia. La meitat se'n va a través de l'orina i la resta s'evapora amb la respiració i la suor. És per això que necessitem ingerir entre 1,5 i 2 litres d'aigua al dia, que ens arriben a través de les begudes i els aliments. Per exemple, el pa està compost per un 40 % d'aigua.

La pràctica de l'activitat física fa que suem més i, per tant, que perdem més aigua. És recomanable dur sempre una ampolla d'aigua quan assistim a una classe d'educació física o quan practiquem alguna activitat física, especialment si és de llarga durada, com per exemple una excursió per la muntanya o una passejada amb bicicleta. Quan fa calor el cos també necessita una aportació superior d'aigua.

La calor o l'exercici físic, especialment si és prolongat, provoquen una pèrdua extraordinària d'aigua que cal corregir amb la ingesta de líquid.

4. L'hàbit de l'exercici físic

L'OMS (Organització Mundial de la Salut) recomana la pràctica d'activitat física com a mínim 30 minuts 3 dies a la setmana.

Imaginem una jornada diària d'un noi o una noia de 17 anys que estudia segon de Batxillerat. El matí el dedica íntegrament a l'estudi, bàsicament assegut en una cadira. Al migdia, dina a casa i s'asseu al sofà per descansar una estona. Després fa deures i dos dies a la setmana va a classe d'anglès. Al capvespre, sopa i xateja una mica, i estudia o veu una pel·lícula al sofà fins a l'hora d'anar al llit.

Parlem d'una persona **sedentària** que no dedica temps a fer exercici físic. Aquesta inactivitat origina una pèrdua de massa muscular i incrementa la falta d'energia. Es va perdent la condició física, cada vegada s'és menys àgil i més encarcarat, fins i tot per fer les activitats quotidianes. Una persona que fa activitat física és més activa i més dinàmica.

Practicar activitat física millora i enforteix els sistema osteomuscular, millora la capacitat cardiorespiratòria i contribueix a la millora de la qualitat de vida.

Practicar exercici físic amb excés (d'una manera extrema i continuada) pot provocar els efectes contraris. La cerca de l'alt rendiment en la pràctica professional de l'esport pot generar desgast en el cos humà en general, i a nivell muscular i articular en particular.

L'estil de vida sedentari repercuteix negativament en la nostra condició física.

5. L'hàbit de dormir bé

El son és el millor recuperador. Després d'una activitat esgotadora, el cos necessita repòs. Per mitjà del son ens recuperem de l'activitat diària, es compleix una funció reparadora dels teixits i creixen noves cèl·lules. Com a mitjana hauríem de dormir 8 hores, però quan estem en un procés de recuperació d'una malaltia o d'una lesió, aquesta necessitat s'incrementa.

Necessitem dormir menys hores a mesura que anem creixent: un nadó necessita 16 hores de son; un nen de 12 anys en necessita 9; un jove, 7 hores i 20 minuts, i una persona de 65 anys, 6 hores.

Descansar bé no només vol dir dormir les hores necessàries. Algunes pràctiques ens ajuden a tenir un descans correcte:

- Hem de deixar passar, com a mínim, una hora i mitja entre el sopar i l'hora d'anar a dormir. En una jornada normal hauríem d'evitar ingerir aliments sòlids més enllà de les 9 del vespre.
- Abans d'anar a dormir, pràctiques com ara xatejar o connectar-nos a internet ens alteren i dificulten el nostre descans.
- Hem de procurar que l'habitació on dormim estigui ben ventilada i a una temperatura correcta, sense fred ni calor.
- El te i el cafè són excitants i dificulten agafar el son. Cal evitar-ne la ingesta en excés, sobretot abans d'anar al llit.
- La pràctica d'exercici físic afavoreix el descans i el son.
- Determinats exercicis de respiració (unitat 9) ens poden ajudar a fer més lent el ritme de la respiració i, així, relaxar-nos i descansar.

Les preocupacions, la pràctica d'activitats excitants o el consum de substàncies estimulants abans d'anar-nos-en a dormir ens poden dificultar el descans.

La posició corporal correcta al llit

La posició fetal: és la ideal per dormir, de costat amb les cames arronsades i un coixí no gaire alt, que permeti una bona alineació de l'esquena.

De panxa enlaire: cal fer servir un coixí que no aixequi massa el cap i flexioni el clatell. És recomanable l'ús d'un altre coixí a l'alçada dels genolls, per evitar la sobrecàrrega de les lumbars.

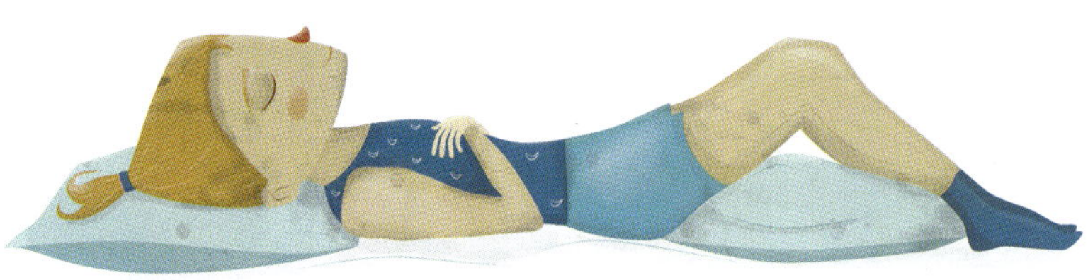

De bocaterrossa: és la posició menys recomanable, perquè sotmet el coll a una torsió excessiva i arqueja l'esquena. En cas que tinguem aquest costum, és recomanable agafar el coixí com si l'abracéssim i aixecar una cama lateralment.

6. L'hàbit de la higiene

Els canvis hormonals propis de la pubertat fan necessaris uns bons hàbits d'higiene personal. La higiene no és només una qüestió superficial i estètica: el seu manteniment té a veure amb la salut personal:

- Cal dutxar-se cada dia, especialment després de la pràctica esportiva. És recomanable l'ús de sabons neutres per tal de no deteriorar les defenses pròpies de la pell.
- Cal que ens raspallem les dents un mínim de 2 minuts després de cada àpat.
- Cal fer un ús racional dels productes de neteja. Hem de ser crítics amb la publicitat, tot sovint enganyosa, de determinats desodorants, colònies, productes d'afaitar o de depilació, que ens prometen el manteniment del nostre aspecte.

El manteniment d'una bona higiene personal és un hàbit que convé adquirir durant l'adolescència.

7. Temps d'oci i per relacionar-nos

És necessari que sortim i ens relacionem amb els nostres amics. Gaudir de la natura, tocar un instrument musical, practicar l'esport d'una manera lúdica, fer teatre, anar a ballar, etc., són pràctiques que ens ajuden a tenir cura de nosaltres mateixos, especialment si evitem el consum de tabac i drogues o l'abús de l'alcohol i dels greixos. Aquestes quatre substàncies són perjudicials per al cor i el seu consum acaba passant factura al nostre cos.

Cal que els nostres hàbits d'oci es basin en pràctiques i activitats que siguin saludables per a nosaltres mateixos.

El tabac perjudica greument la nostra salut. Els seus components, com la nicotina o el quitrà, generen addicció, dificulten el creixement, fan que ens cansem més, canvien l'estat d'ànim i augmenten el risc de patir malalties cardiovasculars.

Sabies que...?

- Una persona que viu en un país occidental, industrialitzat i ric, consumeix aproximadament 30 tones de menjar al llarg de la vida.
- El 40 % dels nens i nenes no mengen la quantitat recomanable de fruita i verdura (tres peces diàries).
- Les companyies de tabac gasten 13 milions de dòlars diaris en publicitat. Una gran part d'aquesta publicitat s'adreça als adolescents. Qui comença a fumar en l'adolescència probablement es convertirà en un adult fumador; per contra, qui no comença a fumar durant aquesta etapa de la vida no ho farà mai.
- Quan practiquem exercici físic el nostre cos segrega una hormona, l'endorfina, que provoca un estat de plaer i benestar.
- El nostre cos produeix diàriament prop d'un litre o un litre i mig de saliva. La funció d'aquest fluid és embolicar els aliments i facilitar-ne la deglutició.
- El cos segrega l'hormona del creixement fonamentalment durant els períodes de son. És per això que dormir té tanta importància durant la infantesa i l'adolescència.
- Dormir una mitjana de 8 hores al dia equival a un total de 20 anys al llarg de la nostra vida.

La majoria de fumadors adults adquireixen l'hàbit de fumar durant l'adolescència.

L'endorfina és la responsable que ens sentim bé després de fer exercici.

Objectius competencials (aportació en competències)

- Valorar la pràctica habitual de les activitats fisicoesportives com a factor beneficiós per a la salut.
- Practicar hàbits saludables i higiènics per assolir una bona qualitat de vida.
- Identificar els aspectes bàsics d'una alimentació equilibrada, especialment si es fan activitats físiques i esportives.
- Fer d'una manera autònoma activitats fisicoesportives per a l'equilibri de la rutina diària.

Coordinació, agilitat i equilibri

1. Què és la coordinació?
2. Quins tipus de coordinació tenim?
3. Com podem millorar la coordinació?
4. L'agilitat i l'equilibri

Una bona coordinació origina moviments compensats que podràs fer amb menys esforç.

UNITAT 8

#ControlMoviment

L'execució d'un moviment amb precisió requereix una sèrie de capacitats que afavoreixen l'eficàcia del moviment, tenint en compte factors com l'espai i el temps de què disposem, el moment de l'acció, els segments corporals implicats o l'ordre i la seqüència de les accions que constitueixen el moviment.

Veiem, doncs, que davant d'un moviment amb una certa complexitat el sistema nerviós central intervé per assumir-ne el control.

A les sessions d'educació física trobarem unitats didàctiques que plantegen l'aprenentatge d'habilitats motrius i de capacitats coordinatives.

1. Què és la coordinació?

La coordinació és la capacitat que permet regular els moviments amb eficàcia i exactitud per tal d'executar l'acció precisa per dur a terme la idea desitjada.

La coordinació et proporciona control sobre el teu moviment; és per això que ens interessa treballar-la.

Com més complexitat té un moviment, més coordinació es necessita per executar-lo.

Llençar un paper a una paperera és senzill. És més complicat, però, encistellar la pilota de bàsquet envoltat de defensors en un tir en suspensió.

Com més complicat és un moviment, més necessària és la coordinació per executar-lo.

Per què necessitem la coordinació?

A tots ens ha passat que hem xutat a l'aire quan volíem impulsar una pilota amb els peus. A tots ens ha caigut un paper a terra quan el volíem llençar a la paperera. Tots hem fet caure un obstacle que havíem de saltar en una cursa... Són exemples d'accions en què la coordinació ens ha fallat.

Des dels moviments més globals, com ara saltar o ballar, fins a les accions més precises, com ara escriure, mecanografiar un document a l'ordinador o utilitzar el comandament d'una consola de joc, tots aquests moviments requereixen la nostra capacitat coordinativa.

D'on surt la coordinació?

El sistema nerviós és el que regula la coordinació dels moviments. Això ho duu a terme decidint els músculs que s'han de moure, amb quina intensitat i en quin moment.

Molts nens petits no han assolit algunes capacitats coordinatives determinades perquè el seu sistema neuromuscular està en procés de desenvolupament i encara no els permet fer-ho. Pintar sense sortir de la línia del dibuix o saltar sobre un peu en són dos exemples.

Durant l'ESO i el Batxillerat es produeix la maduració sexual i el desenvolupament general del cos. Aquests dos factors provoquen un retrocés temporal de la capacitat coordinativa. Un cop passada aquesta etapa, la capacitat coordinativa millora en funció del desenvolupament de les qualitats físiques.

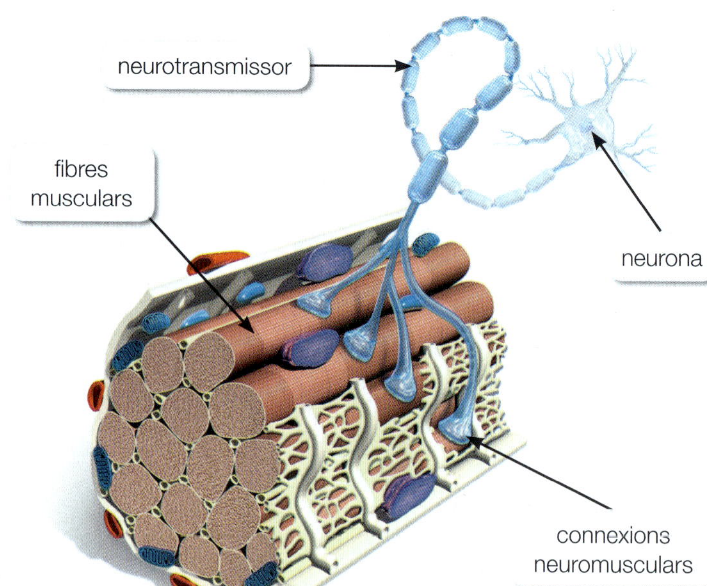

La fibra muscular rep les ordres del sistema nerviós central a través de les connexions neuromusculars.

2. Quins tipus de coordinació tenim?

Com hem vist, la coordinació és una habilitat imprescindible que depèn del nostre sistema nerviós. Tanmateix, segons el grau d'intervenció del cos, en podem diferenciar dos tipus:

- **Coordinació dinàmica general.** És la que permet fer tasques que impliquen la globalitat del cos. Intervé quan correm, girem, saltem o fem equilibris. Es caracteritza per una gran participació muscular.
- **Coordinació dinàmica especial.** És la que permet fer moviments que impliquen la interacció de les diferents parts del cos amb els objectes, com ara els llançaments, les recepcions, les conduccions, els desviaments o els malabarismes.

Els jocs malabars o els llançaments requereixen una gran coordinació dinàmica especial.

A banda de les dues categories anteriors, atès que per manipular qualsevol objecte ens ajudem de la vista, podem parlar també de coordinació oculomanual en les accions que requereixen l'ús de les mans o oculopèdica en les accions en què fem servir els peus.

Coordinació oculomanual.

Coordinació oculopèdica.

La coordinació dinàmica general permet la realització de tasques que impliquen la globalitat del cos.

3. Com podem millorar la coordinació?

La coordinació es millora fent exercicis que necessiten una gran varietat de moviments, amb un augment progressiu de la complexitat.

Exercicis de millora de la coordinació dinàmica general

Per **millorar les habilitats de marxa i de cursa**, farem exercicis que incloguin la variació de diferents factors: el tipus i l'ordre dels recolzaments, la velocitat global del cos o d'algun segment corporal, l'amplitud i la freqüència de la gambada o les superfícies que es fan servir.

Aquest treball es pot dur a terme amb un circuit específic que inclogui diferents tipus de desplaçament: fent quadrupèdies (de quatre grapes), d'esquena, amb encreuament de cames, de costat, sobre un banc o una barra d'equilibri, gatejant, penjats d'una corda o d'una escala de grimpar, etc.

Per **millorar les habilitats de salt**, farem exercicis que incloguin la modificació de diferents factors: l'alçada del salt, el pla de sortida i caiguda, la superfície d'impuls, o el moviment global del cos o d'algun segment corporal en la fase de vol.

Aquest treball es pot dur a terme per mitjà de recorreguts que incloguin multisalts i salts amb els peus junts o amb un peu, així com la utilització de diferents obstacles i elements, com ara el banc, el plint, un trampolí o un minitrampolí.

Per **millorar les habilitats de gir**, farem exercicis que modifiquin les posicions de partida o els punts de recolzament.

Aquest treball es pot dur a terme mitjançant sèries d'exercicis que incloguin rodolar per terra lateralment (fent la croqueta), tombarelles, giravolts sobre una barra, piruetes de diferent recorregut (90°, 180° o 360°), etc.

Es poden fer circuits que combinin diferents habilitats motrius de coordinació dinàmica general:

- Primer tram: desplaçament per sobre d'una superfície reduïda (banc suec); salts alternatius a banda i banda d'un banc.
- Segon tram: tombarelles; quadrupèdia; salt amb gir de 360° i recepció dins d'una anella; córrer i fer una tombarella.
- Tercer tram: córrer fins a les anelles; saltar a peu coix dins de les anelles; córrer d'esquena fins al senyal.
- Quart tram: córrer de cara sobre el primer banc; córrer de quatre grapes pel segon banc.
- Cinquè tram: córrer en ziga-zaga esquivant els cons.

Exercicis de millora de la coordinació dinàmica especial o segmentària

Es tracta de circuits per millorar les habilitats de llançament, recepció, conducció i cop, amb exercicis que incloguin la modificació de l'objecte manipulat, la situació espacial, les condicions de temps i el segment de contacte (mà, peu, cap).

Per exemple, podem dissenyar un circuit que inclogui els exercicis següents: desplaçar-se fent botar una pilota, llançar la pilota enlaire i fer un gir abans d'entomar-la, conduir la pilota amb els peus per terra o xutar la pilota contra una paret i agafar-la tot seguit amb les mans abans que faci un bot.

Aquest treball també es pot dur a terme per mitjà de qualsevol joc malabar. Aquesta mena de jocs representen un repte de coordinació dinàmica especial. Podem provar de llançar dues pilotes de tenis amb una sola mà o tres pilotes amb totes dues mans.

Jocs malabars amb dues pilotes de tenis i una sola mà.

No sempre tindràs la mateixa capacitat coordinativa. Anirà canviant en funció del desenvolupament del sistema nerviós i de les fases de creixement corporal.

Jocs malabars amb tres pilotes de tenis i dues mans.

4. L'agilitat i l'equilibri

L'agilitat és la capacitat de moure'ns amb facilitat i rapidesa. És el resultat de combinar la velocitat i la flexibilitat i es manifesta necessàriament en la pràctica esportiva.

L'equilibri és el control corporal que ens permet vèncer la força de la gravetat. Podem dir que tenim equilibri quan mantenim el cos i els segments corporals en una posició adequada en l'espai. Un equilibri correcte és fonamental per a la coordinació dinàmica general (CDG).

L'agilitat es manifesta en la pràctica esportiva.

Quina mena d'equilibri tenim?

Depenent de si estem quiets o en moviment, podem parlar de dos tipus d'equilibri:

- **Equilibri estàtic:** és el que ens permet mantenir una postura sense desplaçament.
- **Equilibri dinàmic:** és el que ens permet desplaçar-nos contra la força de la gravetat, sense caure.

Equilibri estàtic.

Equilibri dinàmic.

Sabies que...?

- Els gimnastes tenen un alt nivell de coordinació, ja que la seva disciplina exigeix un gran domini de la tècnica.
- Les atletes de gimnàstica rítmica tenen un alt nivell de coordinació dinàmica especial, mentre que les de gimnàstica artística el tenen de coordinació dinàmica general.
- Durant l'adolescència es pot produir un estancament en la millora de la coordinació a causa dels canvis corporals.
- L'acceleració del creixement dificulta el control dels segments corporals. El seu canvi de mida fa que necessitem un temps d'adaptació.

Objectius competencials (aportació en competències)

- Aplicar les pròpies possibilitats motrius amb relació als altres, amb diferents objectes i en diversos medis.
- Assolir un domini corporal i postural amb la millora de la condició física.

Respiració i relaxació

Prova de sospirar profundament o de badallar... Passaràs a tenir un estat de benestar i relaxació. L'oxigen ben repartit és l'eina ideal per normalitzar els estats de nerviosisme i ansietat.

UNITAT 9

#InspirarExpirar
#AlliberoTensions
#QualitatDeVida

Si ens parem a pensar quants cops respirem al llarg del dia ens sorprendrem. La respiració i el batec del cor no s'aturen mai.

Els nadons respiren d'una manera profunda, lenta i natural, i el seu abdomen puja i baixa a cada respiració.

Sovint, a mesura que creixem, perdem aquesta manera natural i profunda de respirar. La nostra respiració s'accelera i omple menys els pulmons, la qual cosa provoca una **reducció de la nostra capacitat pulmonar**.

Aprendre a respirar correctament ens ajuda a estar més tranquils i a superar amb èxit situacions difícils de la vida quotidiana, com ara els nervis que es passen abans d'un examen o altres situacions que generen tensió.

En aquesta unitat coneixerem el nostre cos i la nostra respiració, i aprendrem tècniques per relaxar-nos.

1. Què és la respiració?
2. De quines maneres podem respirar?
3. Com podem millorar la nostra capacitat respiratòria?
4. Què és la relaxació?
5. Beneficis per a nosaltres!

1. Què és la respiració?

La respiració és el procés que permet l'entrada i la sortida d'aire del nostre cos. És un procés automàtic i senzill, que nosaltres podem controlar modificant la manera de respirar i el volum d'aire inspirat i expirat.

Aquesta entrada d'aire fa que l'**oxigen** (O_2), mitjançant l'aparell respiratori, arribi a totes les parts del nostre cos. L'oxigen és imprescindible pel funcionament de les cèl·lules, els teixits i els òrgans.

La respiració té quatre fases:

- **Inspiració.** És l'entrada d'aire als pulmons, que permet l'absorció i el subministrament posterior d'oxigen per tot el cos.
- **Apnea.** És la retenció del moviment respiratori al final de la inspiració. Durant aquesta fase no entra ni surt aire.
- **Expiració.** Es tracta de la sortida d'aire dels pulmons, que permet l'expulsió d'un gas de rebuig, el diòxid de carboni (CO_2), generat pel cos.
- **Dispnea.** És la detenció del moviment respiratori que segueix l'expiració. Durant aquesta fase tampoc no entra ni surt aire.

Glossari

Diafragma: el diafragma és un teixit musculotendinós que divideix el cos en dues parts: l'abdomen i el tòrax. Té forma de cúpula o de paracaigudes.

Quina part del cos és la causant de la respiració?

El responsable de la respiració del cos és l'aparell respiratori. Els òrgans que formen part d'aquest aparell són:

- La nasofaringe, els conductes per on entra l'aire al nostre cos.
- La laringe, una zona de pas de l'aire que també evita que s'introdueixi aire al sistema.
- La tràquea, una altra zona de pas que condueix l'aire fins als bronquis.
- Els bronquis i els pulmons, on es produeix l'intercanvi de gasos.

Com pots veure, la respiració mobilitza la part central del teu cos; per tant, respirar correctament té molta influència sobre la teva postura corporal i la teva qualitat de vida.

En tot aquest sistema, hi ha un teixit que exerceix un paper molt important en la respiració, el diafragma, gràcies a la seva capacitat de contraure's o relaxar-se.

Durant la inspiració, el diafragma es contrau, baixa i permet que la cavitat toràcica s'ampliï. En aquesta fase el diafragma comprimeix els òrgans de l'abdomen (sobretot l'estómac). Durant l'expiració, el diafragma puja, es relaxa i l'aire és expulsat dels pulmons. En aquesta fase augmenta l'espai dels òrgans interns de l'abdomen.

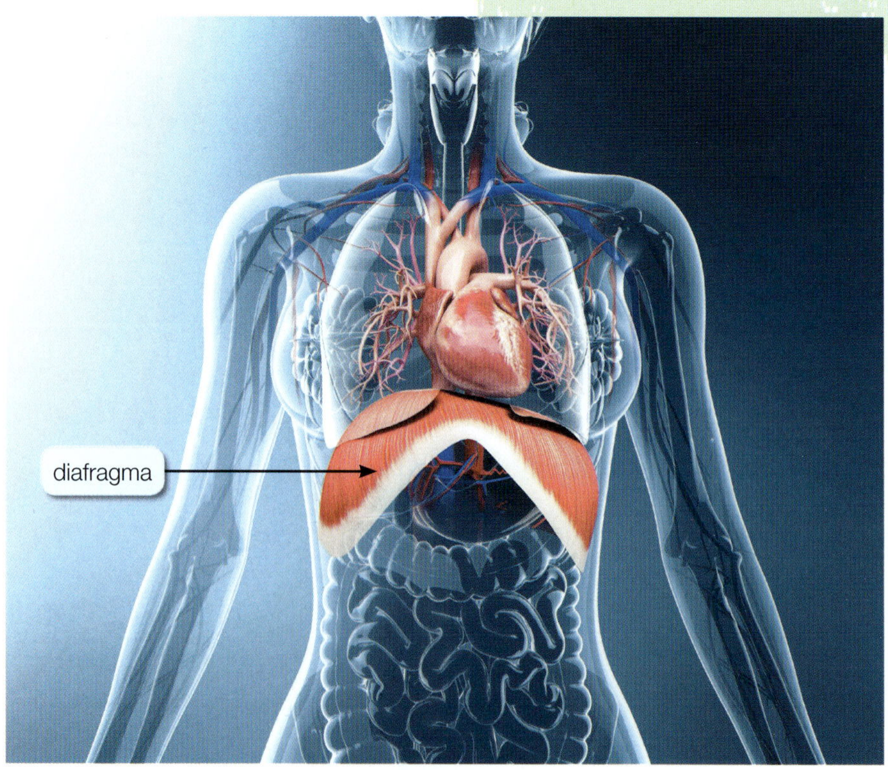

2. De quines maneres podem respirar?

No sempre respirem de la mateixa manera. Principalment hi ha tres maneres diferents de respirar.

- **Respiració clavicular o alta:** es fa amb la part alta dels pulmons i comporta poca entrada d'aire.
- **Respiració toràcica:** es tracta de la respiració més habitual i es produeix d'una manera natural. Es fa principalment a la part central dels pulmons, el tòrax, a través dels músculs intercostals, la qual cosa fa que s'eixampli la caixa toràcica.

Glossari

Tòrax: és la part del cos situada entre la base del coll i el diafragma.

Estira't de panxa enlaire, amb la mà sobre el pit, i sent com puja i baixa amb la respiració. Prova de posar un paper sobre el pit i observa com es mou en cada inspiració i cada expiració.

- **Respiració abdominal:** localitzada a la zona de l'abdomen, a la part baixa del diafragma, es duu a terme fonamentalment amb els moviments del diafragma.

  Aquesta respiració és més completa, ja que l'aire va a la part més baixa dels pulmons. Requereix una certa concentració i ajuda a renovar l'aire d'aquesta zona. Per això és molt important a l'hora de fer exercicis de relaxació.

Una respiració fluida i natural millora la qualitat de vida.

La respiració pel nas afavoreix la respiració abdominal i la respiració per la boca afavoreix la respiració toràcica.

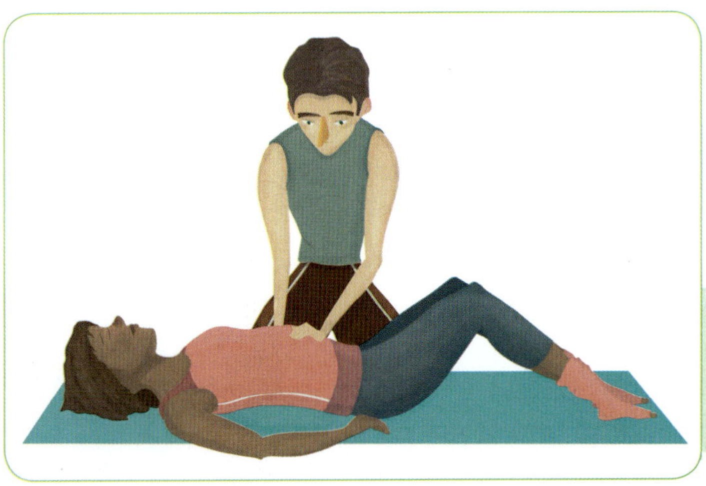

Estira't de panxa enlaire i posa la mà sobre l'abdomen. Inspira i nota com puja l'abdomen. Expulsa l'aire i nota com baixa.

- **Respiració completa:** és la combinació de totes tres. És la menys utilitzada, ja que demana una concentració especial.

3. Com podem millorar la nostra capacitat respiratòria?

La respiració és un reflex automàtic del nostre cos, de manera que no cal pensar-hi per dur-la a terme. Malgrat tot, amb el pas dels anys es torna més superficial i els músculs i els òrgans que hi participen van adquirint més rigidesa. Per millorar la nostra capacitat respiratòria podem fer una sèrie d'exercicis:

- Practicar un exercici físic que generi un esforç i un augment de la ventilació, com ara córrer, nedar, bussejar, anar amb bicicleta, etc.
- Tocar instruments de vent.
- Practicar exercicis específics que afavoreixin el mecanisme dels components de la respiració.

Tocar un instrument de vent augmenta la nostra capacitat respiratòria.

Jocs de respiració

El got d'aigua (respiració abdominal)

Ens estirem a terra (tot i que també hi podem jugar asseguts o drets), mentre un company o companya ens llegeix, a poc a poc, el paràgraf que destaquem a continuació.

- Imagina que el teu cos és un got d'aigua. L'oxigen ha de fer el mateix recorregut que si omplissis un got d'aigua.
- Inspira, notaràs com l'aigua baixa directament fins a l'abdomen. Infla la panxa.
- Omple els pulmons. Les costelles pugen i s'obren i el got ja és ple.
- Ara, aguanta la respiració. Dos segons.
- Expira. Hem de buidar el got. Deixa que l'aigua surti a poc a poc i buida els pulmons. Les costelles es tanquen i baixen.
- Ara hem de buidar l'abdomen, bufa molt a poc a poc i amaga la panxa.
- El got ja és buit. Relaxa't i torna a començar.

Bufar la pilota de paper

Aquest exercici també es fa per parelles. Cada membre de l'equip disposa d'una bola feta amb paper de seda o un altre tipus de paper molt lleuger. Des d'una línia de sortida empenyem la bola amb la bufera per veure qui la fa arribar abans a la línia de meta.

Bombes fora!

En un gimnàs o en un espai tancat fem 4 equips i marquem a terra un requadre subdividit en 4 requadres iguals, dins dels quals se situa cadascun dels equips. L'exercici consisteix a inflar globus i desplaçar-los fins al camp contrari. Cada equip disposa de 20 globus. Quan s'exhaureix el temps, guanya qui té menys globus en el seu camp.

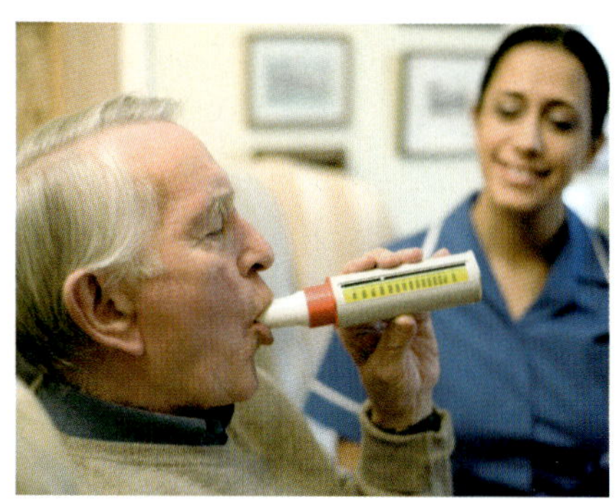

Els jocs de respiració milloren la nostra capacitat pulmonar i ens ajuden a mantenir-la al llarg dels anys.

4. Què és la relaxació?

Relaxació és tranquil·litat. Relaxar vol dir afluixar, alliberar, deixar-nos anar. Vol dir, en definitiva, fer un parèntesi per eliminar tensions i estrès. Quan estem relaxats ens trobem millor i la nostra capacitat de concentració augmenta.

Hi ha molts mètodes de relaxació. El **massatge** és una bona manera de relaxar-se, però n'hi ha d'altres, com el **mètode Jacobson**. Aquest mètode busca la relaxació progressiva de tot el cos, prenent consciència de cada regió corporal (tòrax, abdomen, esquena, extremitats, coll i cara) i contraient i relaxant els músculs. La música i una respiració correcta són les eines que necessitem per assolir un estat de relaxació.

Uns quants minuts de relaxació després d'una sessió intensa d'exercici.

Jocs i formes de relaxació

1 minut relaxats

Ens estirem a terra amb els ulls tancats i fem la respiració completa. Quan creiem que ha passat 1 minut ens incorporem. Guanya qui s'apropa més al minut (ho controla el professor).

Ens relaxem

Per parelles, ens situem drets, cara a cara i agafats de la mà. Estirem en sentit contrari fent força amb tot el cos durant sis segons. Tot seguit, disminuïm la tensió i ens deixem caure sobre el company o companya sense perdre el contacte. Ens relaxem cada vegada més fins que no ens puguem mantenir drets i acabem a terra a poc a poc. Es pot repetir l'exercici amb contacte d'esquena amb esquena.

Tot pesa

Ens estirem a terra i comencem a fer una respiració completa. Tot seguit, ens hem de concentrar en el que diu el professor, que enumera diferents parts del cos, sobre les quals hem d'imaginar una gran sensació de pes, fins que completem tot el cos.

El mètode Jacobson es basa en el contrast entre tensió i relaxació muscular.

Apnea i dispnea

Es tracta d'un exercici d'iniciació a la relaxació. Estirats a terra agafem aire molt lentament fins que arribi a la zona abdominal. Aguantem l'aire durant 3 segons (apnea) i el deixem anar molt a poc a poc. Tot seguit, repetim l'exercici, però en lloc de l'apnea, aguantem sense gens d'aire al cos durant 3 segons després de deixar-lo anar (dispnea).

5. Beneficis per a nosaltres!

La respiració:

- La respiració profunda permet una distribució adequada de l'oxigen pel cos, elimina tensió muscular i afavoreix l'assoliment d'un estat de relaxació.
- Si hi ha una bona oxigenació, augmenta la capacitat de resistència.
- La pràctica d'exercicis senzills de respiració és bona per superar situacions d'estrès i nerviosisme, com ara els períodes anteriors a una prova, un examen o una competició.
- Una respiració correcta beneficia la circulació, ja que aporta més quantitat d'oxigen a la sang i als òrgans.
- L'aprenentatge d'una respiració completa ajuda a descansar millor. La ment està més clara i asserenada.

La relaxació:

La pràctica dels exercicis de relaxació...

- millora l'autocontrol emocional,
- ajuda a tenir una actitud positiva,
- incrementa la memòria,
- elimina la tensió física i ajuda a combatre l'ansietat i l'estrès, i
- ajuda a combatre l'insomni.

La pràctica d'exercicis senzills de respiració i relaxació és bona per superar situacions d'estrès i nerviosisme.

La relaxació ajuda a combatre la tensió, a tenir autocontrol emocional i a tenir una actitud positiva.

Si hi ha una bona oxigenació, augmenta la capacitat de resistència.

Sabies que...?

- Per a les civilitzacions orientals la respiració pausada i completa és una forma de vida.
- El fum del tabac conté quitrà i altres substàncies químiques que s'adhereixen a la part interior dels alvèols i els conductes d'aire. Això fa que respirar sigui més difícil, la qual cosa influeix negativament en la forma física.
- L'asma és una malaltia que dificulta la respiració. Els conductes més petits dels pulmons es fan més estrets i no es respira amb normalitat. Els metges recomanen, en la majoria dels casos, l'activitat física com a mètode per millorar la qualitat de la capacitat respiratòria. No obstant això, una persona asmàtica ha de portar sempre un inhalador per si pateix una crisi.
- El pulmó esquerre és més petit que el dret perquè ha de deixar lloc al cor.
- Quasi la meitat de l'aigua que bevem és expulsada a través de la respiració.
- La freqüència normal de respiració en un adult és de 12 vegades per minut. Cada minut entren a les vies respiratòries 6 litres d'aire.
- El badall produeix un efecte equilibrador de la tensió del cos. Equilibra la relació entre CO_2 i O_2 a la sang i elimina tensions físiques i psíquiques.

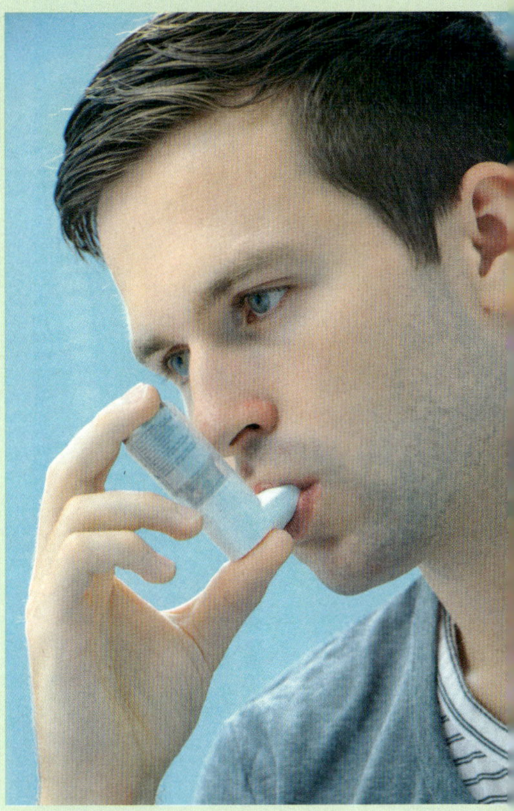

Les persones que pateixen asma han de portar un inhalador en cas d'insuficiència respiratòria.

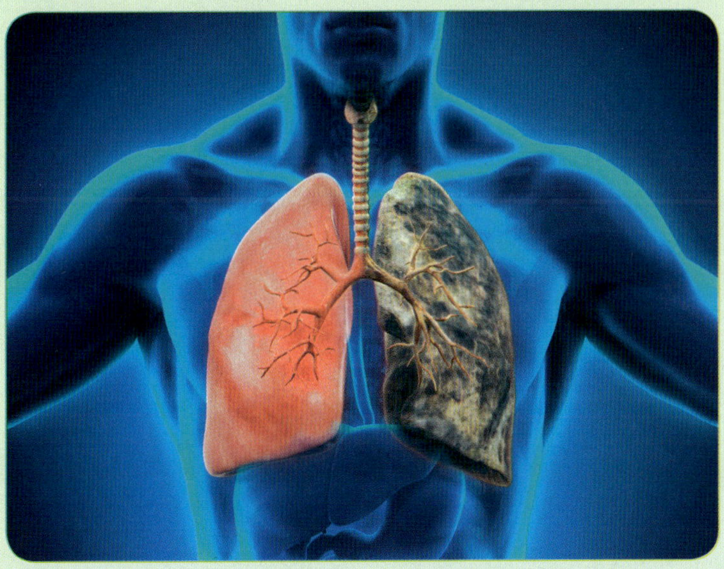

Diferència entre un pulmó sa (esquerra) i el d'un fumador. El fum del tabac disminueix la capacitat pulmonar i repercuteix negativament en la nostra forma física.

Objectius competencials (aportació en competències)

- Assolir un domini corporal i postural amb la millora de la condició física.
- Aplicar tècniques bàsiques de respiració i relaxació per reduir les tensions psicofísiques i afavorir l'autocontrol en situacions quotidianes i esportives.
- Fer activitats fisicoesportives d'una manera autònoma per a l'equilibri de la rutina diària.

Jocs i esports

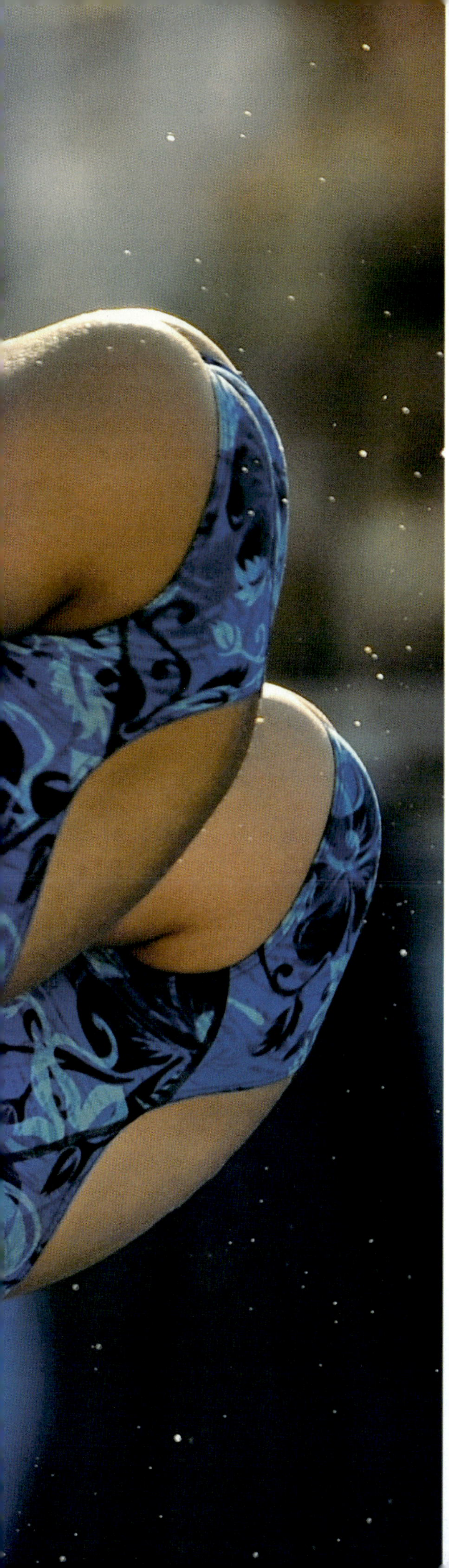

BLOC II

Tots els atletes que practiquen esports individuals tenen en comú l'esperit de sacrifici, l'esforç constant, la voluntat de superació de les marques personals i la capacitat de lluitar contra els adversaris. Aquests són els elements que caracteritzen els esports individuals i els fan més espectaculars.

Pel que fa als esports d'equip, aquests ajuden a desenvolupar les capacitats físiques i psicomotrius bàsiques. Amb l'entrenament es poden millorar la tècnica i la tàctica, però també s'aprèn a realitzar una tasca col·lectiva i a relacionar-se amb els companys i els adversaris.

Totes dues modalitats formen part d'un món, el de l'esport, que ha reglamentat i pautat la inclinació natural de l'ésser humà vers el joc.

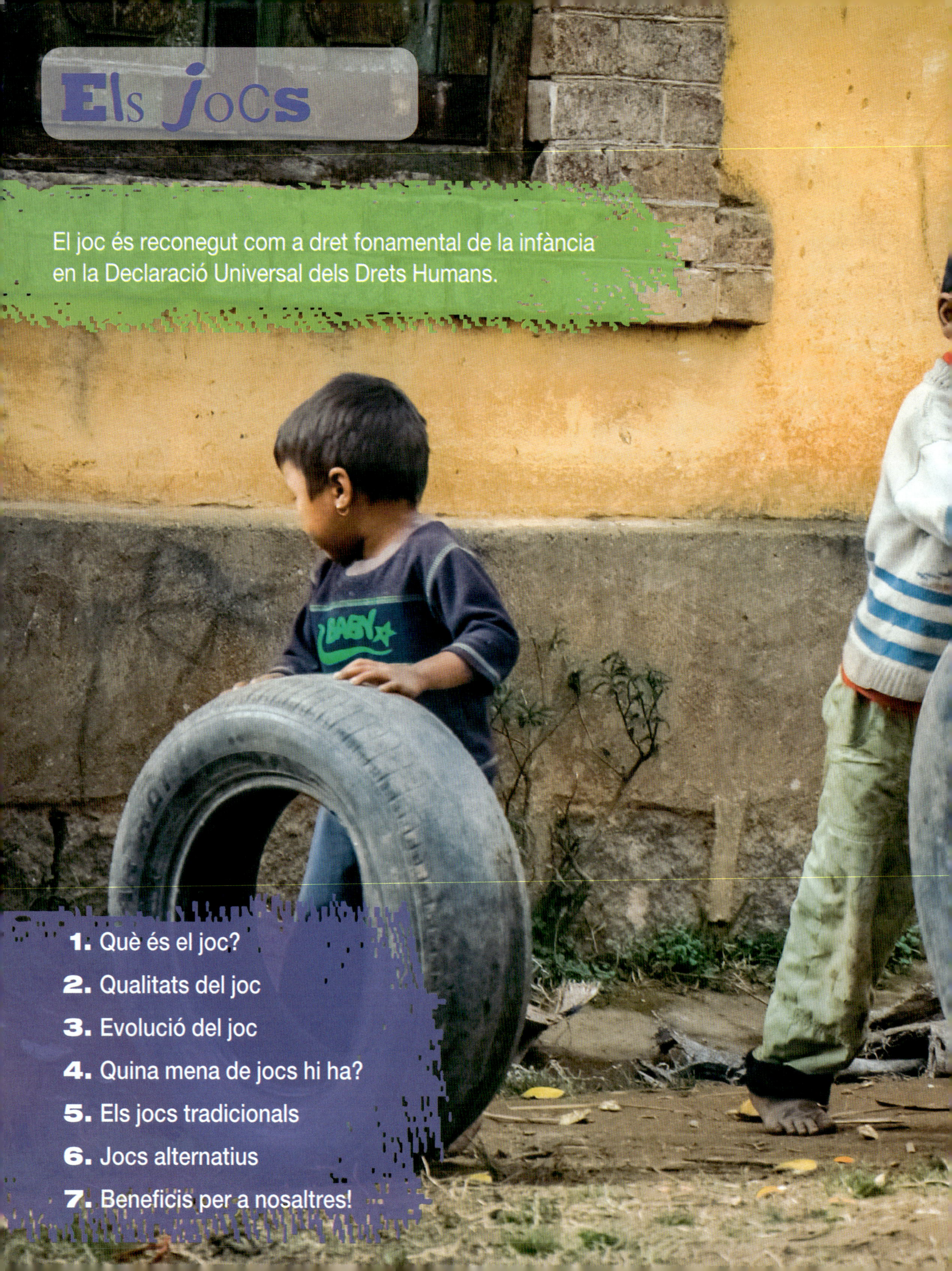

Els jocs

El joc és reconegut com a dret fonamental de la infància en la Declaració Universal dels Drets Humans.

1. Què és el joc?
2. Qualitats del joc
3. Evolució del joc
4. Quina mena de jocs hi ha?
5. Els jocs tradicionals
6. Jocs alternatius
7. Beneficis per a nosaltres!

#juguem #gaudim

El joc forma part de la cultura i ens ha acompanyat al llarg de tota la nostra existència. Des de l'origen ha canviat de forma i d'objectius, però, tot i això, mai no ha deixat de formar part del comportament humà.

D'una manera o d'una altra, tothom juga, si bé de petits ho fem més sovint que de grans. Els nens i nenes d'Educació Infantil i Primària juguen, i els nois i noies d'ESO i de Batxillerat també ho feu, tot i que cada grup ho fa de maneres diferents.

Malgrat que el joc és una de les activitats que caracteritzen l'ésser humà, cal dir que no és l'únic animal que juga: alguns animals també ho fan, fonamentalment els mamífers més intel·ligents.

UNITAT 10

1. Què és el joc?

A tots ens agrada jugar, però... com podem definir el joc? Es pot fer de moltes maneres, però una bona definició assenyala que el joc és tota activitat que es duu a terme amb una finalitat recreativa i que significa una diversió per a qui la practica.

Un grup de nens i nenes juguen a saltar a corda a Tailàndia. Aquest joc és un dels preferits en aquest país.

Si volem valorar un joc des del punt de vista de l'educació física, ens interessa saber les seves característiques i definir-ne uns paràmetres quantitatius i qualitatius per tal de convertir-lo en una activitat física saludable.

2. Qualitats del joc

Hi ha uns trets qualitatius comuns i definitoris de tots els jocs, que es manifesten en un grau més alt o més baix. Així, doncs, podem dir que un joc ha de ser:

- **Voluntari**, ja que els participants juguen lliurement, perquè volen.
- **Divertit**, perquè resulta agradable per als participants.
- **Espontani**, atès que sorgeix sense planificació o causa prèvia.
- **Incert**, tant en el desenvolupament com en el resultat.
- **Variable**, ja que es pot adaptar a necessitats, gustos i circumstàncies diversos.
- **Fantasiós**, és a dir, lliurat a la imaginació.
- **Reglat**, perquè se sotmet a unes normes autoimposades, que s'han de respectar.

Jocs tradicionals com ara la xarranca, tocar i parar, o fet i amagar tenen la majoria de qualitats que han de caracteritzar un joc.

3. Evolució del joc

Els jocs senzills i espontanis que perduren en el temps es poden reglamentar i institucionalitzar, amb el desenvolupament d'un reglament oficial i la creació d'organismes (associacions o federacions) responsables de vetllar per la seva conservació i la seva divulgació. D'aquesta manera, molts jocs s'han convertit en esports.

JOC espontani i variable		
Joc espontani	↓	Picar una pilota al vol amb un pal
Joc reglamentat i institucionalitzat		Pitxi
Esport		Beisbol
ESPORT planificat i estable		

4. Quina mena de jocs hi ha?

El joc ha estat estudiat des de molts àmbits i se n'han fet moltes classificacions. Des del punt de vista de l'educació física, cal valorar les característiques que defineixen cada joc i que ens permeten classificar-lo a partir dels elements següents:

- **Els participants:** els jocs poden ser individuals, per parelles o de grup.
- **L'espai o terreny de joc:** es poden fer al carrer, a la natura, en una pista esportiva, a l'aigua, a l'aula, en una taula, etc.
- **El material:** hi ha jocs sense material o jocs amb objectes (pilotes, cartes, etc.).
- **L'organització dels participants:** es pot tractar de jocs d'equip, d'oposició, de col·laboració, de contacte, de dispersió, de rol, etc.
- **Objectiu i/o tipus d'activitat:** podem parlar de jocs de cursa, de precisió, de força, de lluita, de velocitat, d'atenció, d'estratègia, de malabars, etc.
- **Procedència i/o localització:** poden ser jocs tradicionals, inventats, autòctons, forans, etc.

A dalt, salt de cavall, joc tradicional d'agilitat per parelles que es practica sense cap accessori. A baix, estirar la corda, joc tradicional de força que es practica en grup amb una corda.

Amb totes aquestes dades es pot elaborar una «fitxa de joc», en un format que ens permeti classificar els diferents tipus de joc i divulgar-ne la pràctica:

Un, dos, tres, pica paret (nom del joc)	1 (número de fitxa)
Objectiu	Acostar-se sense ser vist a un company que para de cara a la paret.
Espai o terreny de joc	Qualsevol espai obert (10-15 m com a mínim).
Material	Cap.
Participants	Tants com es puguin encabir en l'espai disponible.
Regles i desenvolupament	Un company o companya es col·loca de cara a la paret i la resta, a l'altre extrem de l'espai, els uns aturats al costat dels altres en una filera. Qui està de cara a la paret ha de cantar «Un, dos, tres, pica paret, un, dos, tres», moment en què la resta ha d'avançar fins que el company o companya acabi la cantarella i es giri. Tothom que sigui vist en moviment ha de tornar a la línia de sortida. En el moment que algú pot tocar la paret o el company que para per l'esquena, tots els participants han de fugir fins a la línia de sortida. Si algú és atrapat pel que para, li toca posar-se a la paret.

5. Els jocs tradicionals

Tots els indrets i totes les cultures tenen els seus jocs, els quals es juguen amb unes regles pròpies. Tot sovint, aquests jocs es transmeten d'una generació a l'altra. A partir d'aquest moment es poden anomenar *jocs tradicionals*. Si, a més, són propis d'un lloc concret, aleshores també s'anomenen *jocs autòctons*.

Les bitlles són un exemple de joc tradicional, que ha passat de pares a fills i, a més, també s'ha modificat a gust de cada territori. N'hi ha moltes variants, i cada una és, alhora, un joc autòcton.

Torneig de bitlles tradicionals a Barcelona.

Bitlles catalanes	2
Objectiu	Tombar el major nombre de bitlles possible.
Espai o terreny de joc	Qualsevol espai obert a l'aire lliure, que sigui pla i que permeti marcar-hi un carril de les dimensions que marca cada variant.
Material	6 bitlles i 3 bitllots o boles, segons la versió.
Participants	Un nombre indeterminat. Normalment els equips són de 4 membres.
Regles i desenvolupament	El joc consisteix a llançar un bitllot a un grup de bitlles situades a una certa distància, amb l'objectiu de tombar-ne com a mínim 5 de les 6. Segons la variant es puntua d'una manera o d'una altra: un punt per bitlla, o més d'un punt si les bitlles es tomben d'una determinada manera. Depenent de l'edat, les boles o els bitllots es llancen des d'una distància o d'una altra. El joc ja es practicava a Egipte l'any 5200 aC i ha arribat als nostres dies per mitjà de la civilització grecoromana i després d'haver perviscut durant l'edat mitjana.

6. Jocs alternatius

Són jocs de creació recent que utilitzen materials no convencionals o alternatius. De vegades fins i tot es construeixen amb materials de reciclatge. Alguns han evolucionat i han donat lloc a esports encara poc coneguts, anomenats també *alternatius*.

Disc volador (*frisbee*)	3
Objectiu	Entomar el disc volador.
Espai o terreny de joc	Qualsevol espai obert prou gran per fer-hi volar el disc. En la versió esportiva, es tracta d'un terreny de joc de 64 × 37 m.
Material	Un disc volador o *frisbee*.
Participants	Un nombre indeterminat. En la versió esportiva, s'enfronten dos equips de 7 jugadors.
Regles i desenvolupament	El joc consisteix a fer passades de precisió amb el disc per tal que un company l'entomi. També es pot jugar per equips, i en aquest cas cal mirar de fer un nombre concret de passades per poder puntuar. La versió esportiva s'anomena *ultimate*. Es juga per equips i es puntua quan s'aconsegueix fer una passada dins la zona de gol, situada a l'extrem del camp (n'hi ha una a cada extrem). Com molts esports alternatius, es caracteritza per la filosofia de joc net.

Una curiosa variant del disc volador és el *golf disc*, joc que consisteix a encistellar el *frisbee* en una cistella amb unes regles semblants a les del golf.

La pilota gegant	4
Objectiu	Colpejar la pilota per fer-la arribar a una línia de meta.
Espai o terreny de joc	Qualsevol espai obert prou gran per impulsar la pilota. En la versió esportiva, es juga en un camp de 20 × 20 m.
Material	Una pilota de grans dimensions.
Participants	Un nombre indeterminat. En la versió esportiva, s'enfronten tres equips de 8 persones (només 4 a la pista).
Regles i desenvolupament	Es pot jugar en equip colpejant la pilota amb les mans per marcar un gol, que s'aconsegueix quan se supera la línia de fons. La particularitat del joc és que molts jugadors poden colpejar la pilota al mateix temps. El kinbol és l'evolució esportiva del joc amb la pilota gegant. El seu principi és el joc col·laboratiu. S'hi enfronten tres equips alhora. Un d'ells, que és l'atacant, és l'encarregat de posar la pilota en joc. L'objectiu dels atacants és aconseguir que la pilota toqui a terra, mentre que el de la resta d'equips és evitar-ho.

Sessió d'iniciació al kinbol.

Indiaka	5
Objectiu	Fer que una peça anomenada *indiaka* caigui a terra al camp contrari.
Espai o terreny de joc	Qualsevol espai obert capaç de contenir una xarxa muntada sobre dos pals o suports. La versió esportiva es juga en un camp de 16 × 6 m.
Material	Una *indiaka* i una xarxa.
Participants	Un nombre indeterminat. En la versió esportiva, s'enfronten dos equips de 5 persones.
Regles i desenvolupament	Es tracta d'un joc de xarxa en el qual cal colpejar la *indiaka* per intentar que travessi la xarxa i toqui a terra al camp de l'equip contrari. Aquest joc prové dels indígenes brasilers. També s'organitza com a esport. Té el seu reglament oficial i existeix l'Associació Internacional d'Indiaka (IIA). Després d'un servei inicial des de la línia de fons, els membres de cada equip fan rotacions per intercanviar les seves posicions al camp. La *indiaka* es pot colpejar amb les mans, els peus o, fins i tot, altres parts del cos, com ara el colze o la cuixa.

Un nen juga amb una *indiaka* en una platja de França.

Una *indiaka* professional.

Colpbol	6
Objectiu	Marcar un gol introduint una pilota en una porteria.
Espai o terreny de joc	Pista poliesportiva de 20 × 40 m.
Material	Una pilota i dues porteries de 2 × 3 m.
Participants	Cada equip consta d'un màxim de 12 jugadors, dels quals només n'hi ha 7 al camp.
Regles i desenvolupament	El joc consisteix a colpejar la pilota amb les mans, els braços o la part superior del cos, per tal d'aconseguir introduir-la a la porteria de l'equip contrari. Cap jugador no pot agafar la pilota, colpejar-la dues vegades seguides o colpejar-la amb els punys tancats. Els partits tenen una durada de 60 min: dues parts de 25 min amb un descans de 10 min. Per a categories inferiors, fins a 18 anys, la durada dels partits és més curta.

El *colpbol* té com a objectiu principal fomentar la participació i el treball en equip.

7. Beneficis per a nosaltres!

- El joc ens proporciona plaer i satisfacció i permet millorar l'autoconeixement.
- És una font d'aprenentatge de valors i normes de conducta.
- Millora la capacitat de resolució de conflictes, perquè aprenem a guanyar o perdre.
- És una font important de relació amb els altres i millora l'autoconfiança.
- Permet explorar possibilitats, reconèixer perills i límits.
- És un bon recurs per omplir el temps d'oci i tenir una bona qualitat de vida.

Un grup de nens d'origen àrab jugant a futbol als carrers de Jerusalem.

Objectius competencials (aportació en competències)

- Utilitzar els jocs i els esports com a mitjà de relació amb els altres.
- Valorar positivament l'esforç.
- Apreciar el caràcter sociocultural dels esdeveniments esportius i respectar tots els que formen part d'aquesta manifestació esportiva.
- Saber treballar en equip i valorar la participació més que l'obtenció de resultats.
- Valorar la pràctica de l'activitat física com una forma agradable d'ocupar el temps lliure.

Esports. Habilitats motrius

1. Què és l'esport?
2. Quina mena d'esports coneixem?
3. Iniciació als esports
4. Com podem millorar les habilitats motrius?
5. Conceptes generals dels esports d'equip

L'activitat física i l'esport que practiques en esplais, caus i centres d'esport extraescolars, o amb la família i els amics, enriqueixen la teva motxilla motriu.

UNITAT 11

#EnjoySport #HabilitatSports

És el mateix «practicar esport» que «practicar exercici físic»? Quan juguem a bàsquet, estem practicant un esport, però si sortim en bicicleta amb els amics, estem practicant exercici físic.

L'exercici físic és, doncs, qualsevol pràctica motriu exempta de normativa. Pot tenir, tanmateix, una planificació establerta. Anar amb bicicleta, caminar, nedar, anar al gimnàs... són exemples d'exercici físic. Els objectius d'aquestes pràctiques solen ser la millora de la condició física, la diversió o el benestar general.

L'esport, en canvi, requereix un coneixement de les normes que en regulen la pràctica, així com el domini de certes habilitats motrius per poder-lo practicar. En aquest capítol ens centrarem a enriquir la nostra *motxilla motriu*, que ens atorgarà una base general per practicar diferents esports.

1. Què és l'esport?

El baró Pierre de Coubertin (1863-1937), fundador dels Jocs Olímpics moderns, va definir l'esport com «l'execució d'exercici muscular, habitual i voluntari amb el desig de progressar, assumint certa dosi de risc».

Les característiques essencials de l'esport són que:
- Inclou un component de competició.
- Té caràcter lúdic.
- Requereix un esforç físic constant.
- Està regulat per unes normes establertes per una federació o una institució.

«L'essencial a la vida no és vèncer, sinó lluitar bé», Pierre de Coubertin.

2. Quina mena d'esports coneixem?

La pràctica esportiva està subjecta a un gran nombre de classificacions. Tanmateix, nosaltres només en farem servir dues: **esports individuals** i **esports col·lectius** o **d'equip**.

Esports individuals

Es tracta dels esports en què el practicant es troba sol en un espai, en el qual ha de superar-se a ell mateix amb relació a paràmetres com el temps, una distància, unes execucions tècniques o una puntuació, que poden ser comparats amb execucions dutes a terme per altres esportistes en igualtat de condicions.

Alguns exemples són la gimnàstica esportiva o artística, el judo, l'escalada, la gran majoria de modalitats d'atletisme, etc.

Els esports individuals tenen unes característiques comunes:
- La competició que plantegen consisteix en la superació d'un mateix.
- Mesuren els resultats basant-se en paràmetres com el temps, l'espai, el pes, la puntuació…
- Exigeixen una gran condició física.
- Requereixen més exigència tècnica que tàctica.
- Hi predomina l'execució de moviments per davant de la percepció i la presa de decisions.
- Faciliten l'autoconeixement i la concentració.
- Essencialment no requereixen comunicació.
- Utilitzen aparells o artefactes reglamentaris.

Entrenar-se amb intensitat i constància i batre les marques personals són característiques dels esports individuals.

Esports col·lectius

Es tracta de les activitats esportives en què participa un grup de persones amb uns objectius comuns. El grup tracta d'assolir una mateixa finalitat esportiva seguint unes regles establertes.

En els esports col·lectius l'èxit no depèn, només, de les habilitats individuals i de la condició física de cada component de l'equip, sinó que també depèn de la tàctica col·lectiva i de la cohesió del grup. L'hoquei, el voleibol, el futbol, alguna modalitat de ciclisme, etc., són exemples d'esports col·lectius.

Els esports col·lectius o d'equip tenen unes característiques comunes:
- Els equips estan formats per diversos esportistes, dos com a mínim.
- La cooperació entre els components de l'equip és fonamental.
- El caràcter competitiu se centra en la superació del rival.
- Predominen els factors de decisió i percepció davant de l'execució de moviments.
- Exigeixen una gran condició física.
- La tàctica té un paper més important que la tècnica individual.
- La comunicació entre els components és essencial.

Hi ha esports que poden entrar en totes dues classificacions, perquè es poden practicar en modalitat individual o per equips, com, per exemple, el tenis, el bàdminton, la vela...

Les germanes Williams, que s'han enfrontat moltes vegades en competició individual, han desenvolupat una gran compenetració en dobles.

La coordinació entre els membres d'un equip és fonamental en esports com el rem.

La comunicació és essencial en esports com el voleibol. A dalt, una jugadora indica la tàctica a la seva companya. A baix, una jugadora deixa la pilota a punt perquè rematin les seves companyes.

3. Iniciació als esports

Aprenem les habilitats motrius bàsiques i específiques

Saps córrer d'esquena sense caure de cul? I fer desplaçaments laterals? I saltar sobre un peu? I aturar-te sobre un peu en equilibri?... Cal que dominem totes aquestes habilitats.

Després dels primers cinc anys de vida, tots aprenem una sèrie de tasques motrius, com ara caminar, córrer, saltar, girar, rodar, reptar, llançar, entomar, colpejar, grimpar, etc. Totes aquestes tasques són l'abecedari del moviment, són part de les **habilitats motrius bàsiques**.

De gatejar a caminar. Moltes de les habilitats motrius bàsiques s'aprenen en els primers anys de vida.

Aquestes habilitats bàsiques milloren amb la pràctica i guanyen complexitat quan manipulem un aparell manual o mòbil, com, per exemple, una pilota. Si adaptem aquestes habilitats bàsiques en un esport concret, les anomenarem **habilitats motrius específiques**. Per exemple, per fer una passada de futbol en moviment, primer hem d'aprendre a córrer i dominar el nostre cos en equilibri sobre un peu, després hem d'aprendre a fer passades de pilota en moviment i finalment hem d'aprendre a decidir a qui passem la pilota. Totes aquestes accions motrius que hem de desenvolupar per dominar el nostre cos s'anomenen **tasques motrius**.

Més endavant, en altres unitats, presentarem les tasques motrius acompanyades d'exercicis i amb jocs o formes jugades.

Una passada, un xut, una recepció... són moviments que requereixen el treball d'habilitats motrius específiques.

4. Com podem millorar les habilitats motrius?

Podem millorar les habilitats motrius practicant exercici físic i esports variats. Si practiques les tasques motrius d'aquesta unitat didàctica amb concentració, els aprenentatges et serviran per sempre.

recepció

Habilitats motrius bàsiques:

- Córrer (de cara, d'esquena, *skipping*...).
- Desplaçament lateral (flexionat, estirat, sense encreuar els peus, carioca...).
- Desplaçaments amb diferents parts del cos (de quatre grapes, sobre les mans, rodolant sobre l'esquena...).
- Aturades en equilibri (sobre dos peus o sobre un, pivots...).
- Salts (recolzaments i batudes sobre un peu o sobre dos).
- Girs (90°, 180°, 360°...).
- Canvis de ritme en cursa i canvis de direcció.
- Iniciació als recolzaments invertits (pi) i tombarella.

passada

cursa en *skipping*

equilibri sobre una cama

tombarella

aturada

Habilitats motrius específiques dels esports d'equip:

- passades i recepcions;
- llançaments i intercepcions;
- bots, impactes, tocs i parades;
- manipulacions i conduccions de mòbils i pilotes amb efectivitat.

conducció

5. Conceptes generals dels esports d'equip

El **joc d'atac i de defensa**: es tracta de fases constants en esports d'equip com ara el bàsquet, el futbol, l'handbol, l'hoquei, el futbol sala, etc. Tanmateix, aquestes fases no serveixen per al voleibol o altres esports de xarxa.

Si el nostre equip té la pilota: ataquem	Si el nostre equip no té la pilota: defensem
Cal avançar cap a l'objectiu tan ràpid com sigui possible i conservar la possessió de la pilota.	Hem d'anar a defensar ràpidament la nostra cistella, porteria o objectiu del punt. Tot l'equip s'ha de replegar enrere.
Hem de crear espai per al jugador que té la pilota. Ens n'hem de separar per tal que tingui espai per prendre decisions.	Ens hem d'organitzar ràpidament per tal que un jugador marqui qui té la pilota i la resta marqui els altres jugadors de l'equip contrari.
Si hi ha un jugador sol més avançat que nosaltres, cal passar-li la pilota.	Hem d'evitar que dos defensors marquin un sol atacant, ja que aleshores un dels atacants es quedarà sol i crearà una situació de superioritat.
Cal que ens desmarquem i ens alliberem del defensor movent-nos cap a un lloc des d'on puguem rebre la pilota.	L'objectiu és recuperar la possessió de la pilota i tornar a atacar.
Hem d'evitar situar-nos darrere d'un defensor, ja que el nostre company o companya no ens veurà.	

En aquesta jugada, dos defensors marquen un sol atacant, cosa que propicia el desmarcatge d'un altre jugador.

La defensora marca individualment l'atacant per evitar que llanci la pilota i intentar recuperar-la.

Contraatac: acció del joc que té lloc quan l'equip defensor recupera la pilota, moment que ha d'aprofitar per arribar al camp contrari abans que els defensors s'organitzin. Els contraatacs són molt importants perquè permeten puntuar amb més facilitat.

Balanç defensiu: acció del joc que té lloc en el moment que l'equip atacant perd la pilota i corre el risc de patir un contraatac. Consisteix a recuperar les posicions defensives al més ràpidament possible.

En aquesta jugada de contraatac l'equip atacant ha aconseguit que un jugador rebi la pilota desmarcat.

Sabies que...?

El joc net ja s'ha de fomentar entre els més petits.

- El Codi d'Ètica del Consell d'Europa pel «joc net en l'esport» és una declaració d'intencions acceptada pels ministres europeus responsables de l'esport que es va crear el setembre de 1992.
- Quan algun jugador cau a causa d'una possible lesió, l'equip contrari deixa de jugar i treu la pilota fora del camp d'una manera voluntària per facilitar-ne l'atenció mèdica. Quan es reprèn el joc, l'equip del jugador que ha caigut retorna la pilota a l'altre equip com a cortesia.
- El «joc net» (en anglès *fair play*) vol dir moltes més coses que el simple respecte de les normes: també engloba els conceptes d'amistat, respecte de l'adversari i esperit esportiu. És més que un comportament: és una manera de pensar.
- El concepte de joc net s'amplia a la lluita contra les trampes, l'art d'enganyar sense vulnerar les normes, el dopatge, la violència física i verbal, la desigualtat d'oportunitats, l'excessiva comercialització i la corrupció.
- El joc net és responsabilitat de totes les persones que es relacionen amb l'esport: pares, docents, entrenadors, àrbitres, directius, administradors, periodistes, metges i farmacèutics, a més dels esportistes d'alta competició, que esdevenen models de comportament. Aquest codi s'aplica a totes les persones, independentment del fet que hi participin com a voluntaris o en qualitat de professionals. En la seva condició d'espectadors, les persones poden assumir responsabilitats complementaries.

Esportivitat = *fair play* = joc net

Objectius competencials (aportació en competències)

- Utilitzar els jocs i els esports com a mitjà de relació amb els altres.
- Participar en activitats esportives mitjançant el treball en equip per assolir fites compartides.
- Saber treballar en equip en jocs i esports i valorar la participació més que l'obtenció de resultats.
- Valorar la pràctica de l'activitat física com una forma agradable d'ocupació del temps lliure.
- Realitzar activitats fisicoesportives d'una manera autònoma per a l'equilibri de la rutina diària.

Atletisme

1. Com es practica?
2. La cursa. Modalitats i tècnica
3. Els concursos. Modalitats i tècnica
4. Una mica d'història. D'on prové l'atletisme?

L'atletisme és la disciplina més important dels Jocs Olímpics, que se celebren cada quatre anys des del 1896. El primer Campionat del Món d'Atletisme és relativament recent: es va organitzar el 1983 i té lloc cada dos anys des del 1991.

UNITAT 12

#CorreSaltaiLlança

Des de ben petits posem a prova els nostres recursos físics: qui corre més ràpid, qui salta més alt, qui tira la pedra més lluny... L'atletisme, juntament amb la natació i la gimnàstica artística, és un dels tres esports que ens atorguen una base motriu completa i equilibrada per practicar qualsevol altre esport.

En l'etapa d'iniciació, un atleta comença practicant moltes proves, però amb el temps es va especialitzant. La velocitat, la flexibilitat i la força de tot el cos són molt importants en la majoria de disciplines.

En la fase d'iniciació només ens calen unes sabatilles esportives, però si comencem a especialitzar-nos, necessitarem materials més concrets: en les curses de velocitat és imprescindible disposar dels tacs de sortida, en el salt amb perxa i en el d'alçada necessitem un matalàs per aturar les caigudes, i per als llançaments, lògicament, necessitem els artefactes que hem de llançar.

Així, doncs, en aquesta unitat tractarem les especialitats de l'atletisme que es practiquen, els diferents espais on es duen a terme i el material necessari. D'aquesta manera coneixerem quina és l'especialitat que preferim i que s'adapta més a les nostres capacitats físiques.

1. Com es practica?

L'atletisme es practica principalment en **estadis a l'aire lliure**, en instal·lacions formades per una pista ovalada de 400 metres, que s'utilitza per fer les curses. A l'interior de la pista se situen zones reservades per a la pràctica dels diversos tipus de salts i de llançaments.

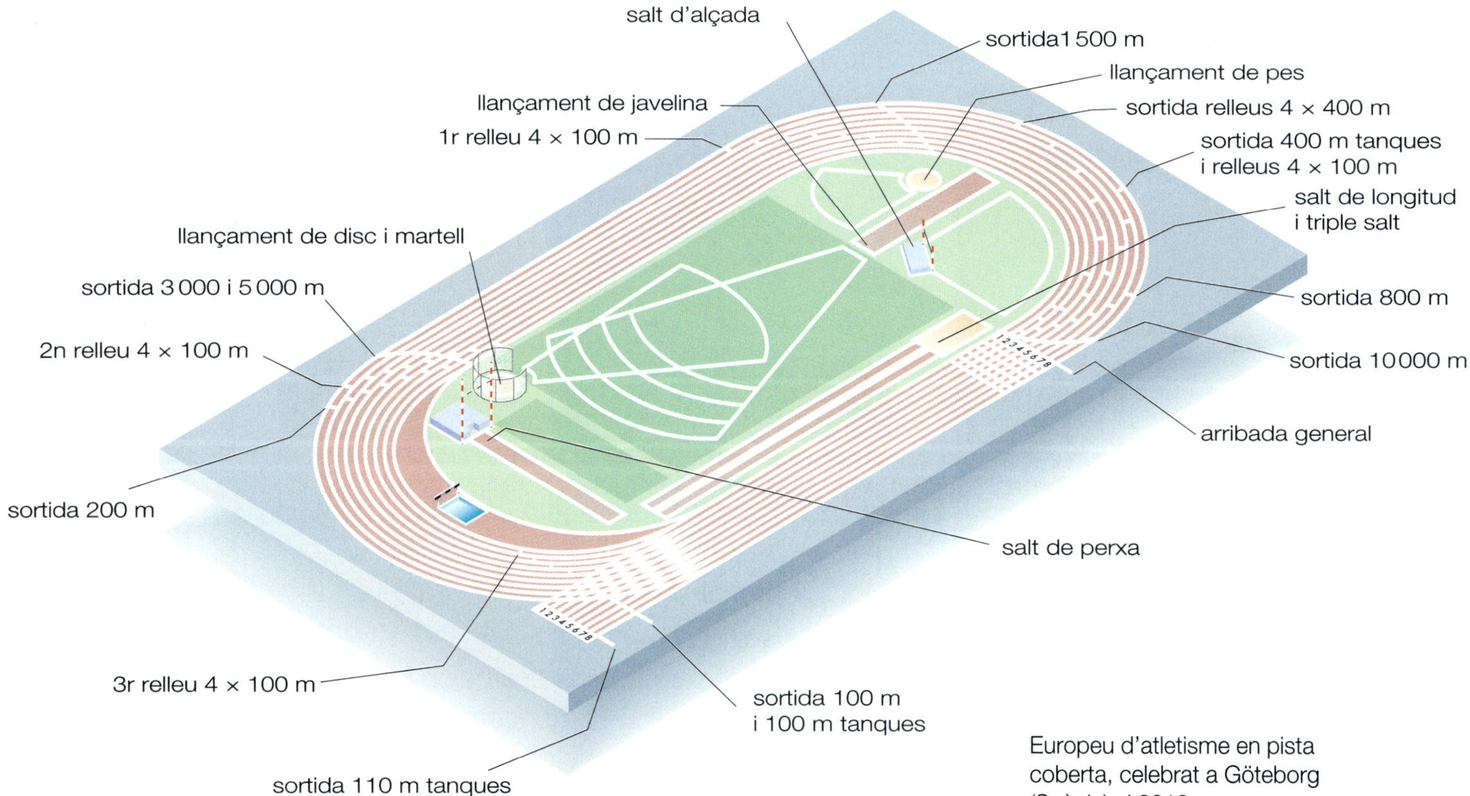

Europeu d'atletisme en pista coberta, celebrat a Göteborg (Suècia) el 2013.

Aquest tipus d'estadi és el que veiem més per televisió, a les Olimpíades o en competicions d'atletisme nacionals i internacionals.

Tanmateix, als llocs on fa fred hi ha pistes cobertes de 200 metres per poder entrenar i practicar a recer de les baixes temperatures i del mal temps. També hi ha altres modalitats que es duen a terme en espais urbans que es condicionen per córrer maratons o curses populars, com ara la Marató de Nova York a l'illa de Manhattan; o en paratges naturals, com, per exemple, les competicions de cros o de camp a través.

Programa olímpic d'atletisme:

El programa olímpic d'atletisme és el següent:

Curses	**Velocitat**	100 m, 200 m i 400 m
	Mig fons	800 m i 1 500 m
	Fons	3 000 m (femení), 5 000 m, 10 000 m i marató
	Tanques	110 m (masculí), 100 m (femení) i 400 m
	Obstacles	3 000 m
	Relleus	4 × 100 m i 4 × 400 m
	Marxa atlètica	10 km (femení) i 20 km i 50 km (masculí)
Concursos	**Salts**	de llargada, d'alçada, triple salt i de perxa
	Llançaments	de pes, de disc, de martell i de javelina
Proves combinades	**Decatló masculí)**	100 m, 400 m, 1 500 m, 110 m tanques, salt de llargada, d'alçada i de perxa, i llançament de pes, de disc i de javelina
	Heptatló (femení)	200 m, 800 m, 100 m tanques, salt de llargada i d'alçada, i llançament de javelina i de pes

Les heptatletes tenen una preparació altíssima que els permet competir en disciplines tan diferents com ara la velocitat, el llançament o el salt.

2. La cursa. Modalitats i tècnica

Adquirir una bona tècnica de cursa és fonamental. Tots hem vist algun corredor fent saltirons o arrossegant els peus sense aprofitar la força de les cames. Córrer és un gest natural, però, per fer-ho bé, cal fixar-s'hi i practicar alguns exercicis. La gambada de la cursa té dues fases:

- la **terrestre**, en què el peu toca a terra per aconseguir impuls i acceleració. El taló i la part mitjana de la planta del peu entren en contacte amb el terra, passant pel pont del peu, fins a arribar a fer l'impuls amb els dits del peu. La cama i el turmell han de quedar completament estirats al final de l'impuls;
- l'**aèria**, en la qual el cos avança i el peu no toca a terra. El genoll ha de pujar per poder guanyar més espai en la gambada següent.

Existeixen dos conceptes que hem de conèixer ja que ens permeten variar la gambada i adaptar-la a la modalitat de carrera que practiquem:

- L'amplitud de la gambada (passes més llargues o més curtes).
- La freqüència de la gambada (passes més o menys ràpides).

Per exemple, en una prova de fons, un atleta s'està més de dues hores corrent, per la qual cosa escurça la gambada per economitzar energia. En una prova de 100 m llisos, la gambada serà gran i l'impuls més potent.
Com més curta i explosiva és una carrera, més exagerats són els moviments de braços i cames.

Recomanacions en la tècnica de cursa

- El balanceig dels braços ajuda a tenir més equilibri i rendiment. Les espatlles i les mans han d'estar sense tensió, no hem de tenir els punys tancats. Els braços han de formar un angle de 90° balancejant-se de manera relaxada.
- La mirada ha de fixar-se uns 10 metres endavant. Si abaixem el cap, la musculatura del clatell es carrega.

Què hem de saber de les modalitats de les curses?

- A les curses de 100, 200 i 400 metres, els corredors s'han de mantenir en el seu carrer fins al final. A la de 800 metres, només ho han de fer durant els primers 100 metres.

- La sortida és molt important en les curses curtes. Per això els atletes surten ajupits amb els peus sobre els blocs de sortida. El tronc de l'atleta és el que marca l'ordre d'arribada.

- En la marxa atlètica sempre hi ha d'haver un peu que toqui a terra; si no és així, els jutges donen un avís. Al tercer avís, el marxador queda desqualificat.

- En les carreres de fons (més de 3000 metres), els atletes eviten qualsevol excés de moviment, l'acció dels genolls és lleugera, els moviments dels braços és el mínim indispensable i les gambades són més curtes que en altres curses.

- En les curses d'obstacles s'han de passar 10 tanques. Tirar-les només penalitza si es fa intencionadament, però fa perdre temps de cursa. Passar les tanques demana una bona flexibilitat en els isquiotibials i una bona tècnica.

Les tanques no se «salten», sinó que es «passen», modificant al mínim la tècnica de cursa. No és recomanable córrer aquest tipus de cursa amb sobrepès, ja que en la recepció tot el pes cau sobre una cama i es corre perill de patir una lesió al genoll.

- Els relleus són una prova molt divertida que es pot practicar fàcilment en les sessions d'educació física.

Els corredors es distribueixen en equips de 4 persones, que han de córrer successivament passant-se un testimoni els uns als altres fins a completar una distància determinada.

En el moment de l'intercanvi, el receptor ha d'estar en moviment i rebre el testimoni dins de la zona de canvi de 10 metres. Si el testimoni cau, l'equip queda desqualificat.

Millors marques olímpiques

Competició	Modalitat	Marca	Atleta	Data
100 m	dones	10,49 s	Florence Griffith	09/1988
	homes	9,63 s	Usain Bolt	08/2012
400 m	dones	48,25 s	Marie-Josée Perec	07/1996
	homes	43,49 s	Michael Johnson	07/1996
800 m	dones	1 min 53,43 s	Nadezhda Olizarenko	06/2012
	homes	1 min 40,91 s	David Rudisha	08/2012
10 000 m	dones	29 min 54,68 s	Tirunesh Dibaba	08/2008
	homes	27 min 1,17 s	Kenenisa Bekele	08/2008
marató	dones	2 h 15 min 25 s	Paula Radcliffe	04/2003
	homes	2 h 3 min 23 s	Wilson Kipsang	09/2013

Com podem millorar la nostra tècnica de cursa

- Cal concentrar-nos en la pràctica dels exercicis que ens ensenyarà el nostre professor. Tots tenen un objectiu concret. Per exemple, quan fem un exercici consistent a aixecar els genolls fins a tocar el pit (*skipping*), l'objectiu que té és que aixequem més els genolls quan correm i fem una gambada més llarga.

- Podem desenvolupar exercicis amb tanques baixes, cons o altres artefactes, que ens ajudaran a entrenar la freqüència i l'amplitud de la gambada.

- Cal que millorem la nostra condició física general, amb relació a la força muscular de les cames i del centre del cos (abdominals, lumbars i glutis).

Córrer a l'aigua reforça la nostra condició física i potencia la força muscular de les cames.

Exemple d'exercicis per córrer com un atleta

- Córrer sense flexionar els genolls per aconseguir l'esforç màxim dels turmells. En la fase aèria el peu ha d'estar tan flexionat com sigui possible.

- Córrer elevant els dos genolls alternativament fins a l'alçada del pit (*skipping*).

- Fer *skipping* amb un sol genoll, mentre que l'altra cama es desplaça amb normalitat.

- Córrer de manera que els talons arribin a tocar el glutis.

- Córrer amb una cama fent *skipping* i l'altra que toqui el gluti amb el taló.

- Cursa lliure a intensitat ràpida durant uns 20 minuts.

- Córrer sense moure els braços per tal d'observar la importància de la braçada en la cursa.

Córrer apujant els genolls al pit, alçant els talons al gluti o cap enrere són maneres de millorar la nostra tècnica de carrera.

3. Els concursos. Modalitats i tècnica

Salts

Tots es salts tenen quatre fases: la **cursa**, que té com a objectiu arribar a la taula de batuda a una velocitat màxima (excepte en el salt l'alçada); la **batuda** o **impuls**, per enlairar-se; el **vol**, per aconseguir la millor distància, i, finalment, la **caiguda**. Cadascuna d'aquestes fases requereix una tècnica complexa que demana molt entrenament. Les diferents modalitats de salt són:

- **Salt de llargada:** l'atleta corre per una pista i salta des d'una plataforma per mirar d'abastar la màxima distància possible. Durant el salt, l'atleta desplaça els peus endavant per aconseguir més distància. Els competidors poden fer un total de tres salts per puntuar. Els set millors passen a la ronda següent, que consta de tres salts més.
  Per practicar aquest salt, la tècnica més senzilla és la de l'un i mig, en la qual el saltador fa un pas i mig a l'aire. L'atleta es dóna l'impuls amb la cama de batuda per fer el salt, avança l'altra cama fins a estirar-les totes dues i flexiona l'esquena endavant.
  Cal tenir en compte que el salt és nul si es trepitja la línia que marca el límit de la zona de cursa i que el salt es mesura a partir de la marca més endarrerida que l'atleta deixa a la sorra quan cau.

- **Salt d'alçada:** l'objectiu és passar per sobre d'una barra horitzontal sense fer-la caure, la qual es troba suspesa entre dos suports verticals, separats per 4 metres. El participant pot fer tres intents per mirar de superar l'alçada. Es pot saltar ventralment, però tots els atletes salten d'esquena amb una tècnica molt específica (*Fosbury*).

Fase de caiguda en un salt de longitud. La marca a la sorra més propera a la línia de salt n'indicarà la longitud.

Estil Fosbury de salt d'alçada.

Tècnica de salt de llargada.

Llançaments

Als concursos d'atletisme hi ha quatre tipus de llançament: disc, javelina, pes i martell. En tots s'ha d'enviar l'artefacte tan lluny com es pugui. Si l'atleta trepitja la línia de llançament o l'objecte cau fora de la línia de puntuació, el llançament es considera nul.

En aquest apartat ens centrarem en el **llançament de pes**. Consisteix a propulsar tan lluny com sigui possible una bola de metall de 7,26 quilos per als homes i de 4 quilos per a les dones. A la categoria de 12 i 13 anys, es fan servir boles de 4 quilos per als nois i de 3 quilos per a les noies. L'acció del llançament s'ha de fer dins d'un cercle de 2,13 metres de diàmetre.

En la primera fase, s'ha de subjectar el pes amb els dits sota la barbeta, col·locant-se a la vora del cercle i d'esquena a la direcció del llançament.

La fase d'impuls s'inicia amb una postura semiflexionada, que desplaça el pes del cos sobre una sola cama. Tot seguit es fa un pas enrere amb la cama lliure, mentre s'agafa un fort impuls alhora que es giren la cintura i les espatlles.

En arribar al costat oposat del cercle amb el cos encarat endavant, s'estira el braç de llançament empenyent el pes cap enlaire. El pes s'empeny, no es llança. L'últim moviment cal que estigui ben coordinat des del múscul del braç.

Després d'haver llançat el pes, cal mantenir l'equilibri per no sortir del cercle i evitar que el llançament es declari nul. L'atleta, que ha de sortir per la meitat del cercle contrària al llançament, pot fer tres llançaments. En cas d'empat es tindrà en compte la puntuació del segon millor llançament.

4. Una mica d'història. D'on prové l'atletisme?

L'atletisme es considera l'esport més antic del planeta, entenent l'esport com a activitat física reglada i amb normatives.

Cursa d'atletisme en un àmfora grega del segle VI aC.

La primera referència a l'atletisme la trobem a l'antiga Grècia al segle VIII aC, on se celebraven competicions atlètiques amb motius religiosos i commemoratius. Les més importants se celebraven a la ciutat d'Olímpia, motiu pel qual van ser denominades *Jocs Olímpics*. La civilització romana va seguir gaudint dels Jocs Olímpics, però l'arribada del cristianisme va fer que la competició perdés força, fins que l'emperador Teodosi la va prohibir l'any 394, per considerar-la un acte pagà. No va ser fins a vuit segles després que es van tornar a celebrar noves competicions atlètiques.

Al segle XI, durant l'edat mitjana, a Anglaterra tornen a aparèixer les curses a peu i els llançaments. Al segle XIX, organitzada per les universitats d'Oxford i de Cambridge, va tenir lloc una trobada nacional d'esportistes, que va despertar un gran interès a Europa i Amèrica.

Finalment, l'any 1896 es van celebrar els primers Jocs Olímpics moderns a Grècia, impulsats pel baró Pierre de Coubertin, que des d'aleshores s'han fet cada quatre anys, excepte en temps de guerra, fins als nostres dies. Les dones van participar en proves d'atletisme per primera vegada l'any 1928 als Jocs Olímpics d'Amsterdam. Avui, la seva presència significa el 45 % del total de participants.

Sabies que...?

- En els Jocs Olímpics de Berlín del 1936 Jesse Owens es va convertir en el primer nord-americà que guanyava quatre medalles d'or a les mateixes Olimpíades: 100 metres llisos, 200 metres llisos, relleus de 4 × 100 metres i salt de longitud. Un rècord que no es va tornar a repetir fins a l'arribada de Carl Lewis.
  Hitler pretenia utilitzar els Jocs de Berlín per demostrar la superioritat de la raça ària. L'exhibició d'Owens va frustrar aquesta intenció. En l'acte de lliurament de la quarta medalla de l'atleta, segons diuen, Hitler va marxar de l'estadi ben enfadat, per no veure's obligat a donar la mà a l'atleta negre. Owens, per treure ferro a l'assumpte, sempre ha dit que no se'n va assabentar.
- La prova reina de l'atletisme és la de 100 metres llisos. Els corredors de nivell mundial solen fer-la en menys de 10 segons. Un atleta fa unes 45 gambades i assoleix una velocitat de 36 quilòmetres per hora durant la prova. Un esportista mitjà fa unes 55 gambades i es desplaça a 22,5 quilòmetres per hora.
- Els millors especialistes en maratons són els kenyans, perquè des de petits han de recórrer grans distàncies a peu o corrent i això els serveix d'entrenament per a aquesta prova.
- En els antics Jocs Olímpics, la participació de les dones en les proves o la seva assistència com a espectadores estava totalment prohibida sota l'amenaça de càstigs molt severs.

Jesse Owens a la cursa de 200 m llisos en què va batre el rècord mundial en els Jocs Olímpics de Berlín de 1936.

Objectius competencials (aportació en competències)

- Acceptar el propi cos i les seves limitacions, tot comprenent les diferències de capacitat física entre els companys i respectan-les.
- Conèixer i emprar les pròpies possibilitats motrius en relació amb els altres, amb diferents objectes i en diversos medis.
- Utilitzar els jocs i els esports com a mitjà de relació amb els altres i valorar positivament l'esforç.
- Valorar la pràctica de l'activitat física com una forma agradable d'ocupar el temps lliure.
- Saber fer jocs i esports en equip i valorar més la participació que l'obtenció de resultats.

Gimnàstica artística

El treball de la gimnàstica artística ens permet explorar les nostres pròpies capacitats i superar els límits que el nostre cos ens imposa.

UNITAT 13

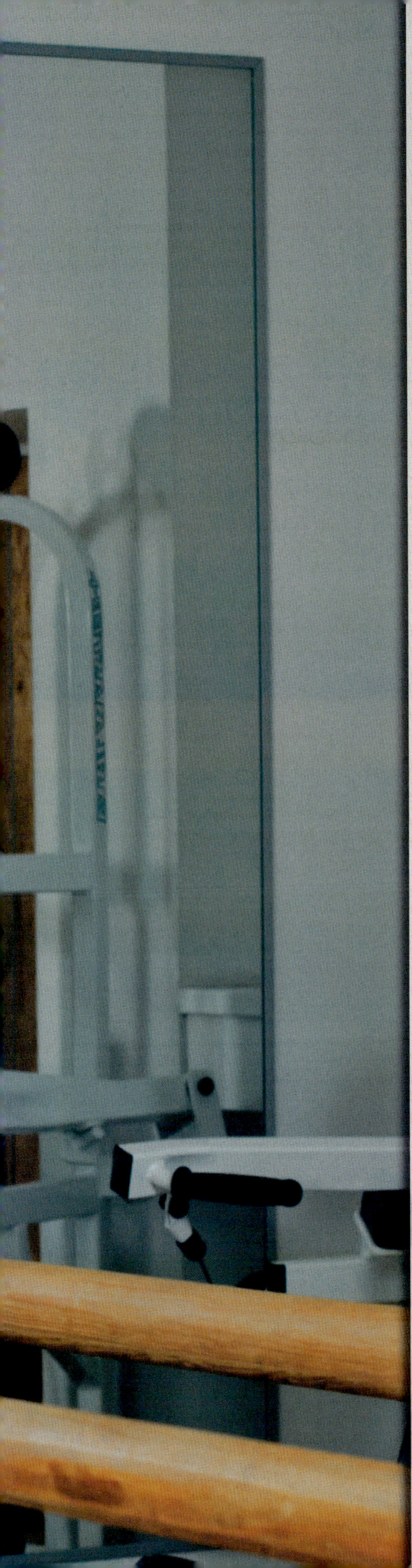

#DominiCorporal

L'espectacularitat de l'acrobàcia i el domini corporal en els diferents aparells gimnàstics fan de la gimnàstica artística un esport molt atractiu.

L'objectiu d'aquesta disciplina esportiva consisteix a buscar la perfecció en la realització d'exercicis gimnàstics per obtenir la màxima puntuació possible, que permeti superar els adversaris.

Es tracta d'una modalitat en la qual no hi ha un enfrontament directe. El resultat de la competició el determina la valoració dels jutges.

1. Com es practica?

El component artístic de la gimnàstica fa que es valori d'una manera especial l'execució tècnica dels gimnastes; no n'hi ha prou de fer una figura gimnàstica, sinó que cal fer-la demostrant domini i perfecció. Per aquest motiu, no parlem de campionat, sinó de **concurs** gimnàstic. A més, els gimnastes competeixen en diversos aparells, la qual cosa els converteix en esportistes complets. L'execució de cada exercici amb els diferents aparells ha de tenir una continuïtat. El gimnasta que interromp l'exercici l'ha de continuar, perquè disposa d'un temps determinat per acabar-lo i no pot començar de nou.

Els aparells gimnàstics

(X) ANOMENAR i diferencies

	Aparell i característiques	Descripció de l'exercici i exigències del reglament
Categoria femenina	**Terra** Lona de 12 × 12 m de superfície d'un material elàstic. Temps i música	Els salts acrobàtics són la part principal de l'exercici, d'entre 70 i 90 segons de durada, que ha de formar un conjunt harmònic i rítmic amb altres elements gimnàstics, com ara els recolzaments invertits, parts de força o equilibris. S'ha de sincronitzar l'exercici amb la durada de l'acompanyament musical. 
	Barra d'equilibri Barra situada a 1,2 m d'altura i que fa 5 m de llarg i 10 cm d'ample.	L'exercici es fa en equilibri sobre la barra i té una durada de 60 a 90 s. Està format per una combinació d'elements acrobàtics i gimnàstics. Si una gimnasta cau, té 10 segons per retornar a la barra. 
	Salt de cavall Una pista de 25 m per prendre impuls i un cavall de 120 cm d'altura.	L'exercici consisteix a saltar el cavall després d'una cursa i d'un salt al trampolí. El salt es fa amb l'impuls de les dues cames juntes, es recolzen les mans (una o totes dues) sobre el cavall i posteriorment es cau a terra en equilibri. 
	Paral·leles asimètriques Dues barres situades a diferents altures (una entre 140 i 160 cm i l'altra entre 235 i 240 cm) i separades per un màxim de 143,5 cm.	Presenta unes característiques similars a la barra fixa masculina. Inclou una rutina acrobàtica fluida i sense interrupcions i es diferencia per la utilització de dues barres. 

PUNTUACIÓ GIMNASTICA → Procediment
GIMNOS = despullat, perfecció del cos

Categoria masculina

Aparell i característiques	Descripció de l'exercici i exigències del reglament	
Terra √ Lona de 12 × 12 m de superfície d'un material elàstic.	A diferència de la modalitat femenina, l'exercici dura un minut i no cal sincronitzar-lo amb la duració de l'acompanyament musical.	
Cavall amb arcs Aparell de 160 cm de longitud i 35 cm d'amplada, amb una altura de 115 cm (105 cm des de la part superior del matalàs).	Exercici que consisteix a sostenir-se amb les mans, sense interrupcions, sobre el cavall, la superfície del qual s'ha de recórrer amb moviments d'impuls circulars i pendulars.	
Anelles Situades a una altura de 255 cm (+ 25 cm de matalàs), 18 cm de diàmetre i 50 cm de separació entre cada anella.	La prova consisteix en una sèrie d'exercicis amb elements d'impuls, força, equilibri i manteniment que han de passar per posicions de suspensió, recolzament i recolzament invertit.	
Salt de cavall √ Una pista de 25 metres per prendre impuls i un cavall de 135 cm d'altura.	Presenta les mateixes característiques que la modalitat femenina. Només varia l'altura del cavall.	
Paral·leles √ Dues barres de 3,5 m, situades a una altura de 175 cm i separades per una distància de 42 a 52 cm.	Prova que es basa en moviments d'impuls i de vol, combinats amb elements de força, que tenen lloc per sobre, per sota i pel lateral de les dues barres.	
Barra fixa Barra de 2,40 m situada a una altura de 275 cm.	Prova que es basa en una rutina acrobàtica composta de moviments fluids de vol i recolzament sense parada, en què cal incloure deixades i girs longitudinals.	

El campionat gimnàstic

Actualment, als Jocs Olímpics o als campionats mundials, la competició de gimnàstica consta de tres concursos, que es duen a terme al llarg de diferents jornades, en els quals s'enfronten els gimnastes distribuïts en diversos equips o seleccions.

Concurs	Concurs I		Concurs II (múltiple individual)	Concurs III (final per aparells)
	Competició 1 (exercicis obligatoris)	**Competició 2 (exercicis lliures)**		
Qui competeix?	Tots els atletes distribuïts en equips o en seleccions.		Els 36 gimnastes que han obtingut les millors puntuacions en el concurs I.	Els 8 gimnastes que han obtingut la millor puntuació en cada aparell al concurs I.
Qui és el guanyador?	L'equip que obté la millor puntuació global en totes dues competicions.		L'atleta que obté la millor puntuació global en tots els aparells, sumada a la nota obtinguda en el concurs I.	Els atletes que obtenen la millor puntuació a cada aparell, sumada a la nota obtinguda a la competició 2 del concurs I.
Títol del guanyador	Campió per equips.		Campió individual.	Campions per aparell.

2. La tècnica

Els elements gimnàstics

Anomenem **elements** totes les habilitats tècniques de la gimnàstica que constitueixen un exercici gimnàstic.

Els elements es classifiquen per lletres en funció de la seva dificultat: des de la A (poca dificultat) fins a la F (gran dificultat).

Segons la dificultat i el risc que comporten, els elements es classifiquen en dues categories:

- **Gimnàstics:** són els més senzills i s'utilitzen com a enllaç de les sèries d'acrobàcia.
- **Acrobàtics:** són més complexos i comporten una fase de vol.

Tots els elements tècnics de gimnàstica provenen d'alguna de les famílies de moviments corporals bàsics. Aquests moviments són: girs, salts, balanceigs, recolzaments invertits, manteniment de posicions, moviments circulars i contracicles (elements que contenen moviments amb canvi de sentit sobtat).

Flic-flac sobre la barra d'equilibri.

Elements tècnics bàsics

Tombarella

Volta que fem a terra encongint les cames i que es pot dur a terme en diverses variants: endavant, enrere i amb les cames obertes o juntes.
Indicacions: cal recolzar les mans obertes, ajuntar la barbeta a l'estern i encongir les cames en rodar.
Errors típics: no encongir el cos i rodar sobre l'esquena plana.

Roda

Volta lateral que es fa amb un recolzament successiu de les quatre extremitats: una mà, dues mans, una mà, una mà i un peu i dos peus.
Indicacions: cal recolzar en primer lloc la mà del mateix cantó que el peu avançat i acabar de costat.
Error típic: no passar pel pla vertical i ajuntar les cames per caure de nou a terra.

Rodada

Volta semblant a la roda, però que es comença de cara, es recolzen totes dues mans alhora i té una fase de vol final.
Indicacions: cal unir les cames ben rectes en la fase de verticalitat i acabar amb un salt.
Error típic: flexionar les cames en l'acció de sortida.

Vertical

Anomenada també *recolzament invertit*. Consisteix a posicionar el cos de manera invertida. El cos es recolza amb les mans, es manté recte i amb les cames juntes. Hi ha variants sobre el cap, el clatell i a força (aixecant les cames des del terra sense prendre impuls).
Indicacions: cal no perdre les mans de vista.
Error típic: manca de tensió a les cames i flexió de les puntes dels peus.

Flic-flac

Moviment que consisteix a fer un salt enrere, partint d'una posició de peus junts i amb la flexió prèvia dels genolls. Presenta variants amb recolzament sobre una sola mà o sense recolzament de mans.
Indicacions: cal flexionar les cames i deixar-se anar cap a terra en el moviment d'impuls cap al darrere.
Error típic: llançar-se enrere sense desequilibri previ.

Salt d'inversió

Moviment que consisteix en un salt amb les cames separades després d'un recolzament invertit.

Indicacions: cal recolzar totes dues mans a terra i impulsar el cos, elevant les cames per separat successivament.

Error típic: avançar les espatlles en el moment de repulsió de braços.

Mortal

Destresa que consisteix a rotar sobre el pla mitjà, movent els peus per sobre del cap. Presenta moltes variants: endavant, enrere, lateral, carpat (amb el cos formant un angle recte) o planxat (amb el cos estirat).

Indicacions: cal saltar amunt per agafar altura abans de girar endavant, moment en què anirem a buscar els genolls amb el pit.

Error típic: apujar els genolls en el moment d'encongir el cos.

Els exercicis gimnàstics

Anomenem *exercici gimnàstic* l'encadenament harmònic de diferents elements tècnics. Aquests exercicis poden ser de dos tipus:

- **Obligatoris:** iguals per a tots els participants i dissenyats per l'organitzador del campionat.
- **Lliures:** dissenyats per cada gimnasta seguint les normes de la Federació Internacional de Gimnàstica (FIG).

Els jutges puntuen els exercicis tenint en compte diferents aspectes:

Dificultat dels elements de l'exercici.	Fins a 4 punts.
Combinació harmònica dels elements que formen l'exercici.	Fins a 1 punt.
Execució de l'exercici. El nombre de faltes tècniques (errors) determina aquesta puntuació.	Fins a 4,40 punts.
Bonificacions, que premien el risc, l'originalitat i el virtuosisme de l'exercici.	Fins a 0,60 punts.
Total	**Fins a 10 punts.**

Cal tenir en compte

Veient l'espectacularitat de les imatges sembla impossible arribar a fer un exercici gimnàstic de nivell. Tanmateix, hi ha un mètode d'aprenentatge que es basa en l'increment de la dificultat dels moviments en un itinerari que ens duu al domini tècnic. Aquest sistema s'anomena **progressió d'aprenentatge**.

3. Una mica d'història. D'on prové la gimnàstica?

La paraula *gimnàstica* prové de la fusió de dos mots del grec antic: *gymnós*, que vol dir 'despullat', i *tékhne*, que significa 'tècnica'. D'aquesta fusió en va sorgir el terme *gymnastiké*, que significa 'tècnica d'exercitar el cos'.

Tanmateix, la gimnàstica artística, tal com la coneixem ara, té l'origen a l'Alemanya de principis del segle XIX, on el pedagog **Friedrich Ludwig Jahn** va inventar els primers aparells i un mètode d'entrenament.

L'any 1896 la gimnàstica esdevingué un esport olímpic. Avui dia s'ha convertit en un dels esports més representatius dels Jocs Olímpics moderns.

Retrat de Friedrich Ludwig Jahn.

Sabies que...?

- Els gimnastes es protegeixen les mans amb calleres i bandes elàstiques.
- La pols de magnesi es fa servir per reduir la suor de les mans dels gimnastes i garantir una subjecció segura als aparells.
- Els exercicis gimnàstics es fan amb els peus descalços, amb mitjons o amb sabatilles molt fines.
- Nikolai Andrianov és el gimnasta més guardonat de la història dels Jocs Olímpics. El seu èxit més gran va ser en els Jocs de Mont-real (1976), en què va guanyar quatre medalles d'or, dues de plata i una de bronze. Quatre anys més tard, als Jocs de Moscou, va obtenir dues medalles d'or, dues de plata i una de bronze. Prèviament, havia guanyat una medalla d'or, una de plata i una de bronze als Jocs de Munic del 1972.

Una gimnasta amb les proteccions s'unta les mans amb magnèsia abans d'un exercici.

Objectius competencials (aportació en competències)

- Acceptar el propi cos i les seves limitacions, entendre les diferències de capacitat física entre els companys i respectar-les.
- Assolir un cert domini corporal i postural.
- Utilitzar habilitats i destreses motrius en diversos medis.
- Utilitzar els jocs i els esports com a mitjà de relació amb els altres i valorar positivament l'esforç.
- Saber treballar en equip en jocs i esports i valorar la participació més que l'obtenció de resultats.

La natació

1. Com es practica?
2. Modalitats i proves
3. Els estils. Modalitats i tècnica
4. Com podem millorar
5. Una mica d'història. D'on prové la natació?

La natació, l'atletisme i la gimnàstica artística són les disciplines esportives més representatives dels Jocs Olímpics moderns.

UNITAT 14

#mullemnos

La natació és el mètode que fan servir l'espècie humana i molts altres éssers vius per desplaçar-se dins de l'aigua o per la seva superfície.

El domini del medi aquàtic és una de les adaptacions humanes més antigues després del bipedisme, que va permetre als homes el domini de la superfície terrestre.

La natació és una habilitat fonamental per sobreviure en el medi aquàtic. Segur que tots recordem en quin moment vam aprendre a nedar, però hi ha molta gent de totes les edats que no sap nedar.

A més, la natació també és un esport de competició i una activitat de lleure.

1. Com es practica?

La natació es practica en el medi aquàtic. Trobem aquest medi en diferents espais naturals, però la majoria de modalitats es porten a terme en piscines construïdes per a la pràctica d'aquesta activitat.

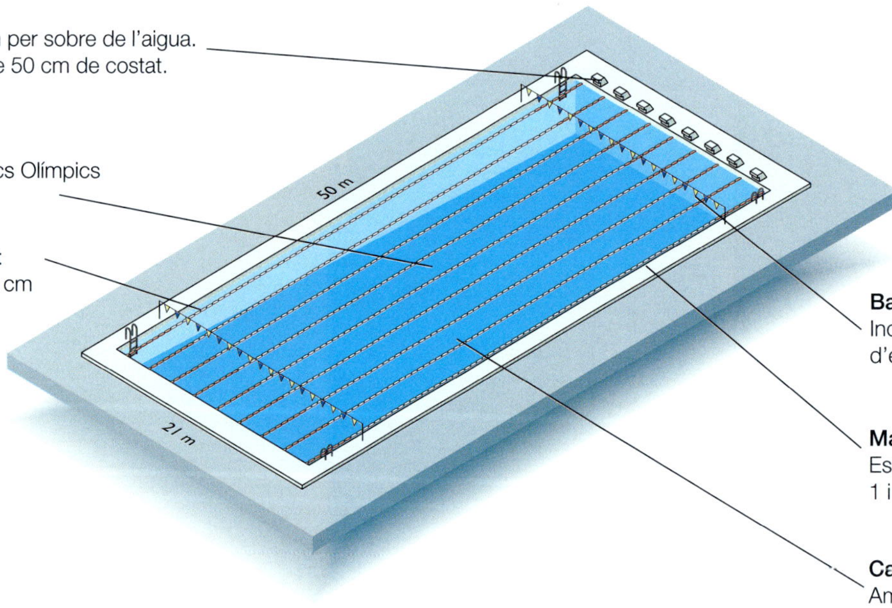

2. Modalitats i proves

La natació no consisteix només a fer curses a l'aigua. Aquest esport presenta una sèrie d'estils que s'utilitzen en cinc grans categories i a les seves modalitats corresponents.

1. Natació	Estil lliure: 50, 100, 200, 400, 800 i 1 500 m individual; 4 × 100, i 4 × 200 m relleus.
	Esquena: 50, 100, 200 m individual.
	Braça: 50, 100, 200 m individual.
	Papallona: 50, 100, 200 m individual.
	Estils: 200 i 400 m individual i 4 × 100 m relleus.
2. Salts	Trampolí: 1 i 3 m individual, 3 m sincronitzat.
	Plataforma: 10 m individual i 10 m sincronitzat.

3. Waterpolo	
4. Natació sincronitzada	solo
	duo
	equip
	rutina lliure combinada
5. Aigües obertes	5, 10 i 25 km

3. Els estils. Modalitats i tècnica

La pràctica de la natació es basa fonamentalment en la tècnica i, de forma secundària, en l'entrenament de la velocitat i la resistència. L'execució tècnica de la natació es fonamenta en quatre estils diferents:

Crol: El nedador està en posició ventral (cap per avall) i duu a terme una acció completa dels dos braços de forma alternativa (braçada) i un nombre variable de batudes de cames. Es tracta del primer estil que s'aprèn i és el més ràpid.

Esquena: El nedador està en posició dorsal (cap per amunt) i duu a terme, de la mateixa manera que en el crol, una acció completa i alternativa dels dos braços (braçada) i un nombre variable de batudes de cames. Es tracta de l'estil més lent.

Braça: El nedador està en posició ventral (cap per avall) i duu a terme moviments de braços i cames simultanis i simètrics. És l'estil més antic, potser perquè els moviments i la posició són els més naturals.

Papallona: El nedador està en posició ventral i fa moviments similars als del crol, però les braçades es fan de manera simultània. És l'estil més modern i el més difícil d'aprendre, ja que exigeix un alt nivell de força i coordinació. És l'estil més ràpid després del crol.

Plusmarques mundials dels 50 metres en diferents estils

	Masculina		Femenina	
Crol	César Cielo (Brasil)	00.20.91	Britta Steffen (Alemanya)	00.23.73
Papallona	Rafael Muñoz (Espanya)	00.22.43	Therese Alshammar (Suècia)	00.25.07
Esquena	Liam Tancock (Regne Unit)	00.24.04	Jing Zhao (Xina)	00.27.06
Braça	Cameron Van Der Burgh (Sudàfrica)	00.26.67	Ruta Meilutytė (Lituània)	00.29.80

4. Com podem millorar

La nostra capacitat en la natació es pot millorar de tres maneres diferents:

- **Millorar la tècnica:** amb l'ajut d'un entrenador, podem perfeccionar l'execució de la tècnica dels diferents estils. Això ens permetrà desplaçar-nos pel medi aquàtic amb molta més facilitat.

- **Millorar la velocitat:** per mitjà de l'entrenament de la força (fonamentalment de braços, espatlla i pit) podem desplaçar-nos més ràpidament a l'aigua. Un recurs útil és nedar amb manyoples, de manera que augmenti la resistència de l'aigua al nostre desplaçament.

- **Millorar la resistència:** amb la pràctica, podem millorar la nostra capacitat de resistència. Al principi, hem d'augmentar progressivament la quantitat de metres en sèries successives (mètode continu). En una segona fase, hem d'augmentar la intensitat de les sèries (mètode intervàlic).

5. Una mica d'història. D'on prové la natació?

La natació és una capacitat que forma part de l'home des de temps prehistòrics. La competició regular de natació va començar a Europa a principis del segle XIX i va estar present en els primers Jocs Olímpics de l'era moderna a Atenes el 1896.

La primera entitat creada a l'Estat espanyol va ser el Club Natació Barcelona, l'any 1907. Bernat Picornell en va ser el principal precursor. Més tard es van fundar diferents clubs, com el Deportivo Bilbao (1912), el Club Natació Atlètic (1913), a Barcelona, i el Club Natació Sabadell (1916). Finalment, l'any 1920 aquests dos darrers clubs, juntament amb el Club Natació Barcelona, es van ajuntar per fundar la Federació Espanyola de Natació per poder participar als Jocs Olímpics d'Anvers. Deu mesos més tard naixia la Federació Catalana de Natació.

Michael Phelps.

Sabies que...?

- Des del 1973 el campionat del món se celebra cada quatre anys i s'alterna amb els cicles olímpics.
- La continuïtat entre piscina i piscina s'anomena *viratge* i és diferent per a cada estil.
- En les sortides i en els viratges, el nedador pot romandre submergit una distància que no pot ser de més de 15 metres.
- Michael Phelps és un nedador nord-americà que ha guanyat un total de 14 medalles olímpiques d'or al llarg de la seva carrera, més de les que cap esportista olímpic ha aconseguit mai. Curiosament, Michael Phelps patia asma i hiperactivitat durant la seva infantesa.
- La nedadora Jennifer *Jenny* Thompson és l'esportista nord-americana que ha guanyat més medalles olímpiques: 12 entre els anys 1992 i 2004.

Una nedadora fent un viratge sota l'aigua en un entrenament.

Objectius competencials (aportació en competències)

- Acceptar el propi cos i les seves limitacions, entendre les diferències de capacitat física entre els companys i respectar-les.
- Utilitzar habilitats i destreses motrius en diversos medis.
- Ser capaç de desplaçar-se en un medi aquàtic.
- Utilitzar els jocs i els esports com a mitjà de relació amb els altres i valorar positivament l'esforç.
- Saber treballar en equip en jocs i esports i valorar la participació més que l'obtenció de resultats.
- Valorar la pràctica de l'activitat física com una forma agradable d'ocupació del temps lliure.

Bàdminton

1. Com s'hi juga?
2. La tècnica
3. La tàctica
4. Una mica d'història. D'on provél bàdminton?

Els esports de raqueta milloren la capacitat de percepció i de reacció i la coordinació de desplaçaments i de gestos, i són una manera divertida de practicar exercici físic.

UNITAT 15

#ColpejaElVolant

El bàdminton és un esport de raqueta a mig camí entre el tenis i el voleibol, en el qual un volant de plomes substitueix la pilota.

Es juga en una pista interior rectangular (la lleugeresa del volant no permet practicar-lo a l'aire lliure), dividida per una xarxa. Els partits els poden disputar dos contrincants, en la modalitat d'individuals, o dues parelles, en la modalitat de dobles. En aquest darrer cas la parella pot ser del mateix gènere o bé mixta.

El bàdminton és un esport molt divertit al qual pot jugar tothom. A mesura que millorem el nostre nivell de joc, aquest esport exigeix la millora de diverses qualitats de condició física: flexibilitat, força, velocitat i resistència.

1. Com s'hi juga?

- **Objectiu:** l'objectiu del joc consisteix a colpejar un volant amb una raqueta per fer-lo passar per damunt de la xarxa i deixar-lo caure al camp contrari de manera que l'adversari no el pugui tornar.
- **Terreny de joc:** el camp és un rectangle de 5,18 metres d'amplada (6,1 metres per a dobles) i 13,4 metres de longitud. El camp d'individuals està delimitat per les línies laterals interiors i la de fons, i el camp de dobles està delimitat per les línies laterals exteriors i la de fons.

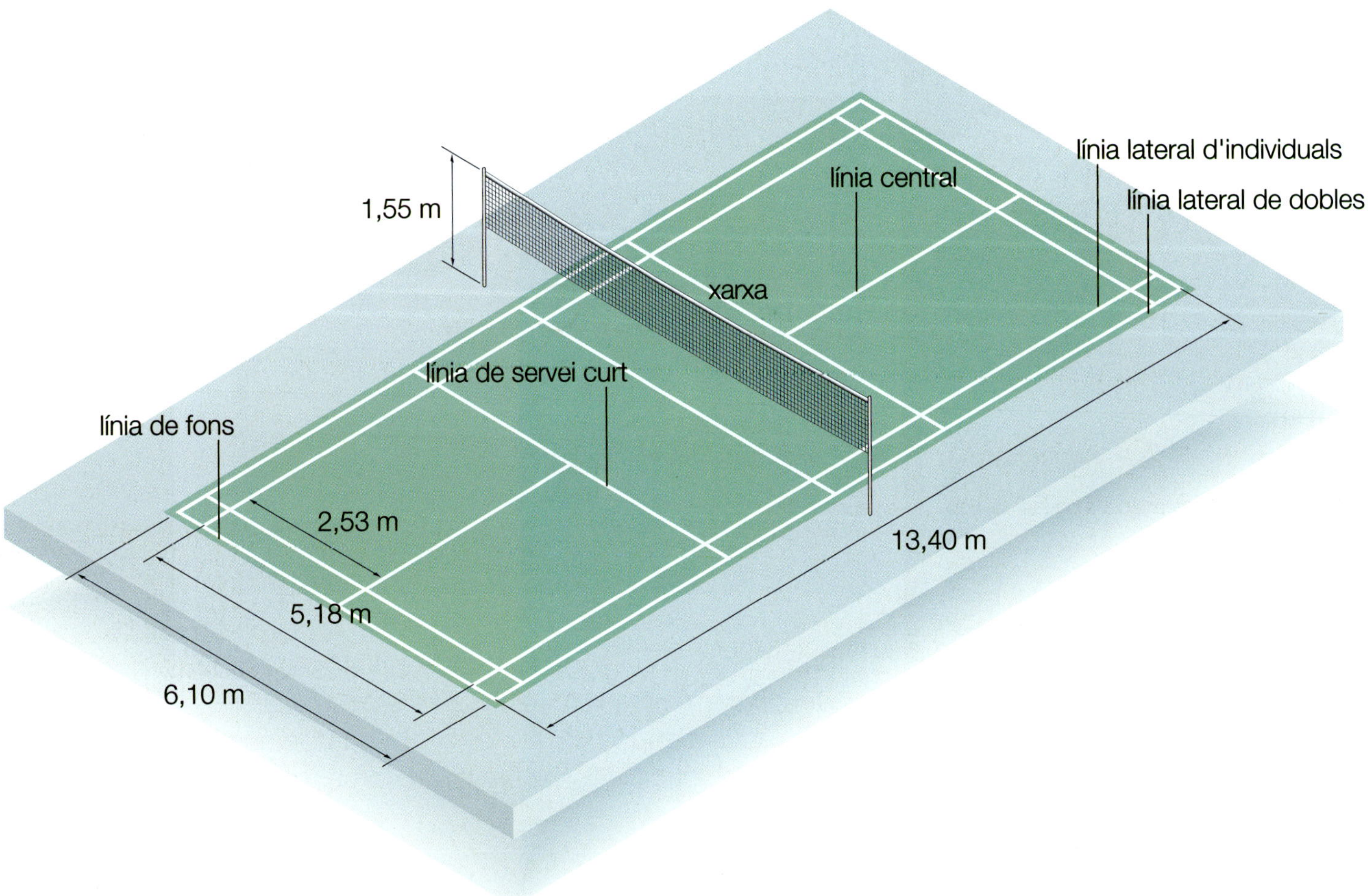

- **Jugadors:** com ja hem dit, els partits poden ser entre dos jugadors (individuals) o per parelles (dobles).
- **Durada del partit:** la durada de cada partit és variable. Es juga al millor de tres sets i s'acaba en el moment en què un dels contrincants guanya dos sets.
- **Puntuació:** cada set consta de 21 punts i s'ha de guanyar per un mínim de dos punt de diferència. En cas d'empat a 20 punts, el set continua fins que s'aconsegueixen dos punts de diferència, fins a un màxim de 30. Els jugadors puntuen sempre, independentment del fet que estiguin en possessió del servei.

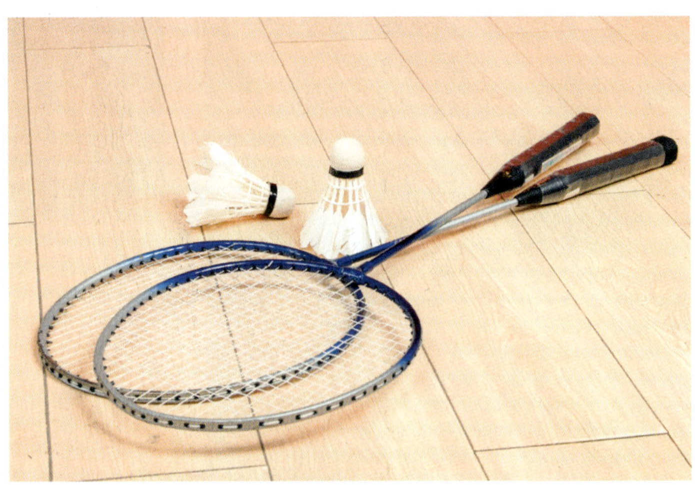

Raquetes i volants de bàdminton.

- **Material:**
  - El bàdminton es juga amb una **raqueta** molt lleugera (d'entre 90 i 140 grams), d'uns 20 centímetres de llargada. Està fabricada amb un material molt flexible.
  - La raqueta ha de colpejar un **volant** o **ploma** de 5 grams de pes aproximat i d'uns 6 centímetres de llargada. Durant el partit, el volant no pot tocar a terra ni el cos dels jugadors.

Dues jugadores aprenen les bases del cop de servei.

Glossari

Servei: és l'acció de posar en moviment el volant al principi de cada punt. El jugador que serveix i el que rep s'han de situar en diagonals oposades de la zona de servei. El servidor ha de colpejar el volant per sota del maluc per fer-lo aterrar a la zona de recepció del rival.

Algunes normes i infraccions

Durant el servei és falta si...	• El servei o la recepció es fa fora de la zona delimitada. • El jugador no té els dos peus en contacte amb el terra. • El volant no passa per sobre de la xarxa (no és falta si la toca). • El volant cau fora de la zona de servei (falta del servidor). • El volant cau a la zona de recepció sense que el toquin (falta del receptor). • Es fan enganys (fintes) amb el cos.
Durant el joc és falta si...	• El volant cau a terra. • El volant toca el cos. • Es toca el volant dues vegades consecutives amb la raqueta. • Es transporta o s'empeny el volant amb la raqueta. • Es manté aixecada la raqueta prop de la xarxa per fer rebotar el volant quan el contrari el colpegi cap avall, llevat que el jugador vulgui protegir la pròpia cara amb la raqueta.
La jugada és vàlida si...	• El volant toca la xarxa, sigui durant el servei o durant el joc. • El volant cau fregant o sobre la línia del camp; és a dir, les línies formen part del camp.

La jugada és vàlida si el volant toca la xarxa però traspassa a camp contrari (a dalt). No ho és, però, si el volant no passa per damunt de la xarxa (a baix).

2. La tècnica

- **La postura del jugador:** la postura bàsica del jugador de bàdminton consisteix en una flexió de genolls i cintura, la qual ens prepara per anticipar la direcció del volant. Mai no hem d'estar dempeus i relaxats.
- **La posició al camp:** qualsevol cop consta de tres fases. En la primera, ens desplacem amb l'objectiu d'interceptar el volant. En la segona, el colpegem. En la tercera, recuperem la posició central a la pista.
- **La tècnica del cop:** es fonamenta en la rotació de l'avantbraç, més que no pas en la flexió del canell. La presa de la raqueta (anomenada *universal*) es duu a terme com si s'encaixés la mà a una persona.

Una parella en un partit de dobles, esperant el servei de l'equip contrari. La posició en què estan permet observar l'alt grau de tensió i preparació de tots dos.

Diferents tipus de cop

- **Cop de servei:** es colpeja el volant entre el genoll i el maluc. El jugador se situa prop de la T de servei, recolzat en el peu hàbil (normalment el dret). L'altre peu es manté avançat i les espatlles se situen perpendiculars a la xarxa. Abans de l'impacte situem el pes del cos sobre la cama anterior, agafem el volant per les plomes, a l'alçada de les espatlles, i el deixem caure (sense llançar-lo). Durant l'impacte hem de transferir el pes del cos de la cama posterior a l'anterior, colpejant el volant per sota la cintura i per davant del cos.

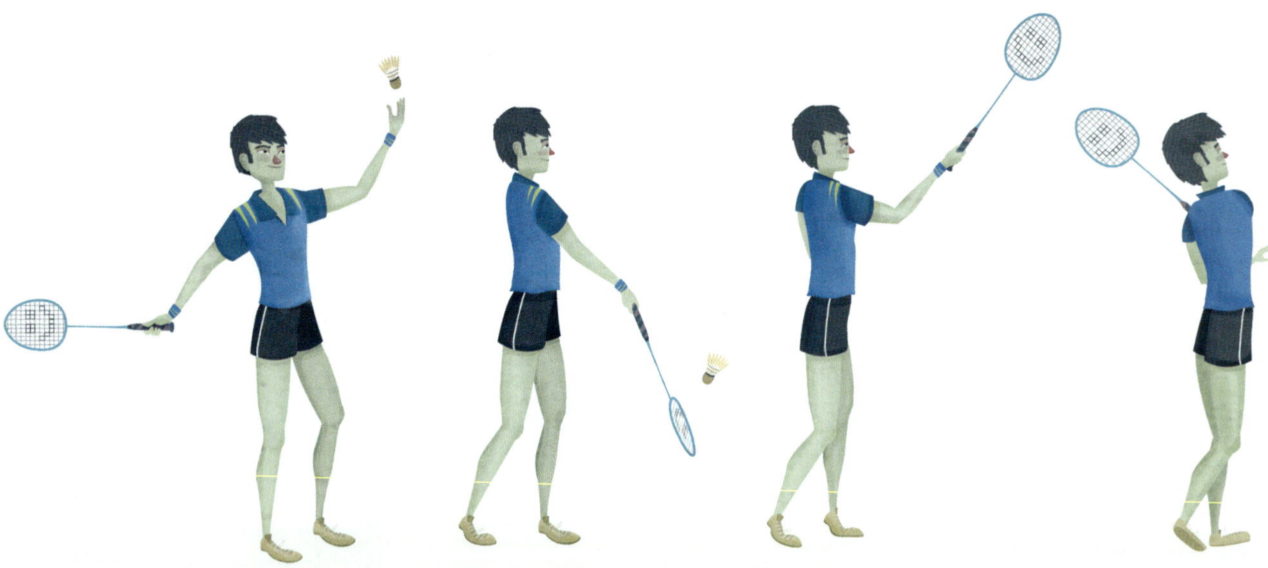

- **Cops de fons de pista:** l'impacte té lloc per sobre del cap del jugador. El cap de la raqueta ha d'estar perpendicular a la trajectòria del cop. Segons on volem que vagi el volant, podem diferenciar tres tipus de cops:
  - *Clear*: cop de fons dirigit al fons de la pista.
  - *Drop* (o *deixada*): cop que es fa amb l'objectiu que no ultrapassi la línia de servei curt.
  - *Smash* (o *esmaixada*): cop que sempre té una trajectòria descendent i que es caracteritza per la velocitat que es dóna al volant.

Glossari

Joc de canell: és el moviment del canell que permet colpejar el volant. A diferència del tenis, el maneig de la raqueta es fa a partir de moviments curts i ràpids del braç.

A la il·lustració es pot veure la diferència en el lloc d'impacte del volant respecte a l'eix del cos. Tots aquests cops es poden fer de dreta i de revés, i poden ser tant paral·lels com creuats. El cop de revés es fa d'esquena a la xarxa, aixecant molt el colze.

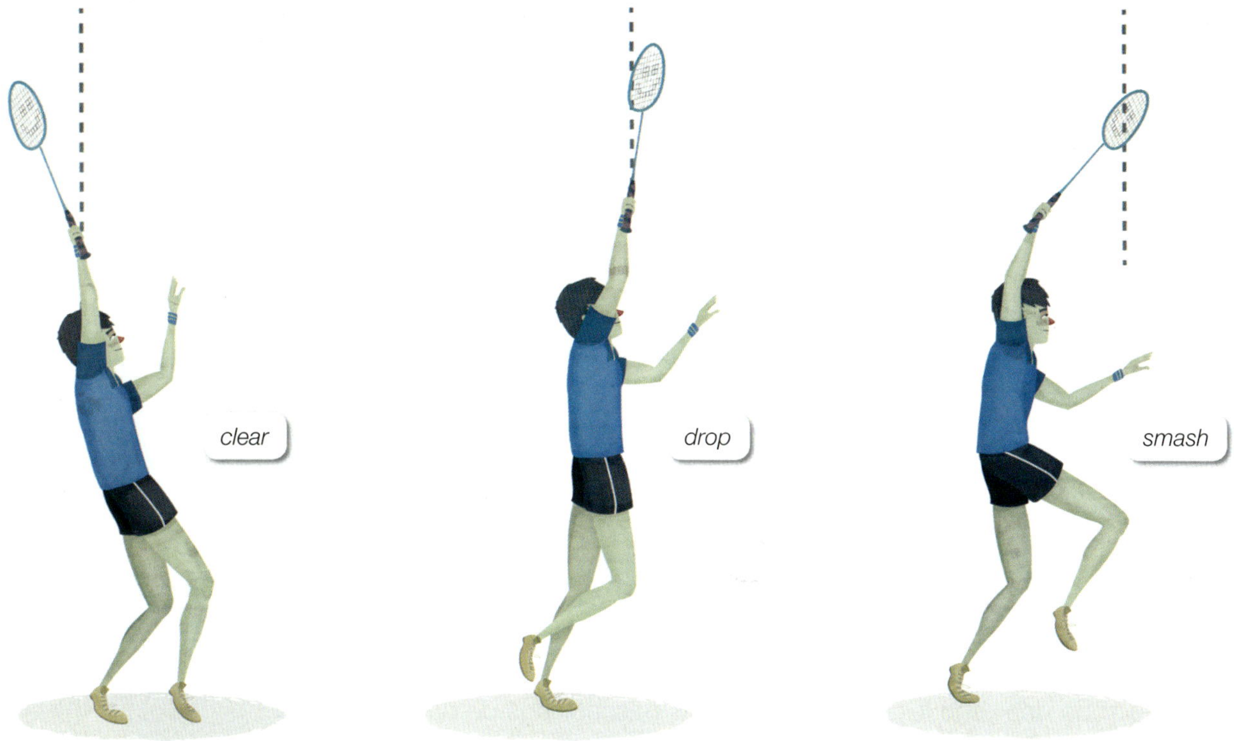

- **Cop a la xarxa:** aquests cop demana reflexos, equilibri en el desplaçament de la cama hàbil i anticipació. La raqueta ha d'estar davant del cos i com més alta millor.

3. La tàctica

La tàctica del bàdminton, com la de quasi tots els jocs de raqueta, consisteix a potenciar els nostres punts forts al màxim i a aprofitar els punts dèbils del contrari. Per exemple, si observem que el contrari no domina el revés, hem d'intentar que hagi de retornar tots els volants amb aquesta tècnica.

Tàctica en individuals

- Alternar la direcció del volant a les quatre cantonades de la pista contrària, prioritzant els desplaçaments verticals per sobre dels laterals.
- Repetir dos o tres llançaments a una mateixa cantonada i canviar seguidament al costat contrari per obligar el rival a fer un desplaçament més llarg.
- Els cops paral·lels fan més mal a l'oponent que els creuats perquè són més ràpids i provoquen desplaçaments més llargs.

Tàctica en dobles

Hem de pensar com un equip per ajudar el company i no deixar zones desprotegides. En el joc de dobles podem parlar de tres sistemes diferents:

- **Sistema en paral·lel:** és el sistema més defensiu i més bàsic. Els jugadors es parteixen el camp i juguen l'un al costat dret i l'altre al costat esquerre. El centre, l'espai entre tots dos jugadors, és la zona dèbil. Cal forçar els desplaçaments endavant i endarrere per provocar desorganització en la parella rival.
- **Sistema davant-darrere:** els jugadors es col·loquen centrats, l'un davant de l'altre. És un sistema més ofensiu i la coordinació entre els jugadors és més complexa. La zona dèbil són les zones mitges dels passadissos de dobles. Cal forçar els desplaçaments endavant i endarrere per crear indecisions en les zones de responsabilitat dels jugadors oponents.
- **Sistema en rotació:** és el més complet. Aquest sistema és per a jugadors que ja dominen els sistemes de joc bàsics i requereix molta coordinació. Segons si volem desenvolupar un joc més defensiu o d'atac, ens hem de disposar en paral·lel o davant-darrere.

Els cops en paral·lel o l'alternança de cantonades obliguen el jugador contrari a desplaçar-se més i a més velocitat.

Jugadors disposats en un sistema defensiu en paral·lel.

Jugadors disposats en un sistema ofensiu davant-darrere.

5. Una mica d'història. D'on prové el bàdminton?

El bàdminton és originari de l'Índia. Allà els oficials de l'exèrcit britànic s'hi van aficionar i el van importar a Anglaterra. El duc de Beaufort s'hi va interessar i va esdevenir una pràctica habitual a la seva finca, anomenada *Badminton House*. D'aquí en ve el nom.

Badminton House.

El bàdminton es va oficialitzar a Anglaterra l'any 1873 i el 1910 ja hi havia 300 clubs. El nombre de clubs es va elevar a 9000 després de la Primera Guerra Mundial. L'any 1890 es va implantar als Estats Units i al Canadà. Els primers campionats nord-americans es van celebrar el 1937 a Chicago. El bàdminton va esdevenir esport olímpic el 1992, als Jocs Olímpics de Barcelona.

Actualment el bàdminton és molt popular a l'Àsia, especialment a Indonèsia, d'on provenen molts dels jugadors d'elit.

Sabies que...?

- A Anglaterra els jugadors de bàdminton es vestien originàriament amb casaques, sabates embotonades, corbatí i pantalons bombats de seda. Sembla que en aquells temps un club va expulsar un jugador per haver-se despullat de la casaca.
- El bàdminton és l'esport de raqueta més ràpid, ja que el volant pot assolir velocitats de fins a 300 km/h.
- La velocitat del volant pot variar a causa d'elements climàtics com ara la humitat o la temperatura. És per això que els jugadors poden acordar doblegar les puntes de vuit de les plomes, cap endins si es vol que vagi més ràpid i cap enfora si es vol que vagi més lent.
- La Thomas Cup és la competició masculina de bàdminton. Des de la seva creació l'any 1948 només l'han guanyat tres països: la Xina, Malàisia i Indonèsia.
- El bàdminton és un joc molt recent a l'Estat espanyol. El primer campionat es va celebrar a Valladolid l'any 1982. Des de llavors el nivell és cada cop més alt i el 2004 es va aconseguir la primera participació olímpica a Atenes.

Jugador de bàdminton del segle XIX pintat per William Williams.

Objectius competencials (aportació en competències)

- Fer un escalfament adequat d'acord amb l'activitat física que s'hagi de portar a terme.
- Utilitzar els jocs i els esports com a mitjà de relació amb els altres, valorant l'esforç i la capacitat de superació més que l'obtenció de resultats.
- Participar en activitats esportives mitjançant el treball en equip per assolir fites compartides.
- Valorar la pràctica de l'activitat física com una forma agradable d'ocupació del temps lliure.
- Realitzar activitats fisicoesportives d'una manera autònoma per a l'equilibri de la rutina diària.

L'handbol

1. Com s'hi juga?
2. Tècnica individual
3. Especialització en un equip d'handbol
4. Tàctica del joc en equip
5. D'on prové l'handbol?

La pràctica de l'handbol ens permet desenvolupar la força i la velocitar per tal de superar el rival i la flexibilitat que ens ajuda a executar els gestos tècnics.

UNITAT 16

#contacte

L'handbol és un esport d'equip molt estès a Europa i a altres llocs del món, però als països de parla anglesa no ha aconseguit una àmplia acceptació.

El contacte cos a cos, la precisió, la potència en el llançament i la velocitat fan de l'handbol un esport amb un caràcter físic molt marcat.

Els darrers deu anys, el nostre país ha esdevingut un capdavanter a Europa en aquesta disciplina. Els jugadors competeixen en les millors lligues del món i la selecció estatal ha guanyat diversos mundials.

Pel que fa a l'handbol femení, l'Estat espanyol s'ha posicionat entre l'elit mundial, tal com demostren la medalla de bronze dels Jocs Olímpics de Londres de 2012, la de bronze al mundial de 2011 i la de plata a l'Europeu de 2008.

1. Com s'hi juga?

L'handbol és un esport en què dos equips s'enfronten per controlar una pilota que es juga amb la mà.

- **Terreny de joc:** el joc es disputa en una pista rectangular que té unes mides de 20 × 40 metres, dividida en dues meitats i que presenta les característiques següents:

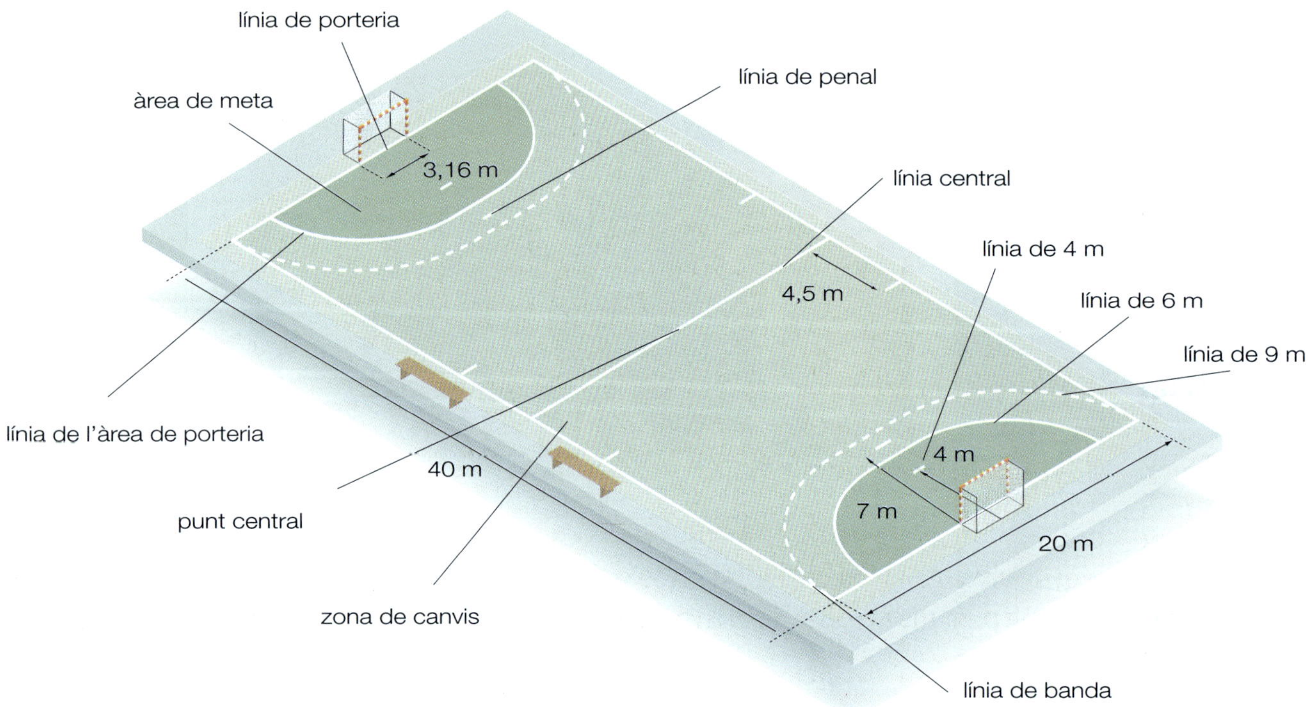

- **Objectiu:** l'objectiu dels dos equips és fer punts introduint la pilota a la porteria de l'equip contrari. El guanyador és l'equip que aconsegueix més punts.
- **Durada del partit:** un partit està format per dues parts de 30 minuts cadascuna, amb un descans de 5 minuts entremig. En cas d'empat, s'ha de jugar una pròrroga de dues parts de 5 minuts. Si l'empat persisteix, es juga una nova pròrroga amb les mateixes característiques. Si no s'aconsegueix trencar l'empat, es procedeix al llançament de 7 penals de manera alternativa (en va llançant un cada equip).
- **Inici del partit:** té lloc a partir d'un sorteig que determina quin dels dos equips fa el servei inicial des del centre del camp, amb una passada que es fa en qualsevol direcció.
- **Composició dels equips:** els equips estan formats per un màxim de 14 jugadors i un mínim de 5. A la pista, només n'hi juguen 7 (6 jugadors de camp i un porter).
- **Canvis:** en handbol es poden fer canvis sempre que es vulgui a partir de la línia de canvis. No cal avisar ni aturar el joc.
- **Sistema de puntuació:** la introducció de la pilota a la porteria sempre té el mateix valor, independentment d'on s'hagi produït el llançament o de les característiques de la jugada de gol.

Un jugador sense oposició intenta obtenir un gol amb un llançament a porteria.

Reglament de l'handbol (normes i infraccions)

Normes	• La pilota s'ha de jugar amb la mà i està prohibit colpejar-la del genoll cap avall. • No es permet agafar el jugador contrari ni colpejar-lo, empènyer-lo o fer-li la traveta. La manera d'aturar un rival és obstaculitzar-li el pas amb el cos. Aquesta norma fa que el contacte cos a cos sigui molt visible. • Cap jugador atacant ni defensor pot trepitjar l'àrea del porter.
Infraccions sancionades amb una falta o cop franc i la pèrdua de la possessió de la pilota	• **Passes:** acció que consisteix a fer més de tres passes en possessió de la pilota sense botar-la. • **Dobles:** acció de fer botar la pilota amb totes dues mans o de fer-la botar novament després d'haver deixat de fer-ho (i d'haver agafat la pilota amb totes dues mans). • **Circulació interior:** acció que consisteix a trepitjar l'àrea de porteria de l'equip contrari. • **Joc passiu:** s'esdevé quan un equip deixa d'intentar fer gol i perd temps. La pilota es posa en joc des del punt on s'ha produït la falta. Si ha estat entre l'àrea de 6 i 9 m, la pilota es posa en joc en el punt més proper de la línia de 9 m (línia discontínua).
Infraccions sancionades amb un penal	• **Defensa interior:** acció que té lloc quan un jugador marca un atacant dins l'àrea de porteria. El penal és la sanció màxima i una clara ocasió de gol. Es llança amb el peu més avançat a terra darrere de la línia de penal (7 m).
Sancions disciplinàries	• **Amonestació:** targeta groga a un jugador que fa una falta clarament antireglamentària; només es mostra un cop per jugador. L'amonestació següent comporta l'exclusió. • **Exclusió:** sanció a un jugador per mostrar una actitud antiesportiva (el jugador exclòs roman 2 min a la banqueta i el seu equip es queda amb 1 jugador menys durant aquest temps). • **Desqualificació:** a la tercera sanció, un jugador ja no pot tornar al camp. El jugador desqualificat pot ser substituït i l'equip recupera la igualtat numèrica després de 2 min. • **Expulsió:** targeta vermella d'expulsió per una infracció greu. El jugador expulsat no pot jugar més i el seu equip no el pot substituir i recuperar la igualtat numèrica.

La manera d'aturar un jugador rival és obstaculitzar-li el pas amb el cos.

Ni els atacants ni els defensors no poden accedir a l'àrea de la porteria. Per tant, els llançaments se solen fer des de la línia.

Un àrbitre amonestant una jugadora.

2. Tècnica individual

La posició en handbol ens ha de permetre reaccionar immediatament davant de qualsevol situació.

Posició de base del jugador

La posició que adopta el jugador li ha de permetre reaccionar d'una manera immediata davant de situacions de joc conegudes però imprevisibles. En el cas de l'handbol és la següent:

- Cames separades i peus ben recolzats a terra, a l'alçada de les espatlles.
- Tronc equilibrat sobre totes dues cames, lleugerament inclinat cap endavant.
- Braços paral·lels amb el terra, flexionats i amb el palmell de les mans orientat cap a l'adversari.

La passada

És l'element bàsic del joc i serveix per traslladar la pilota d'un jugador a un altre, de passador a receptor. La línia imaginària que uneix tots dos jugadors s'anomena *línia de passada*.

Amb la pilota agafada a la mà (està adaptada al palmell), el braç, situat a l'alçada del cap, es carrega cap enrere. Tot seguit, s'impulsa cap endavant i es deixa anar la pilota per fer la passada. Si es vol fer una passada correcta, s'han de tenir en compte quatre principis:

- No mirar el possible receptor quan es fa la passada.
- Emprar la potència adequada a la distància que hi ha entre el passador i el receptor.
- Fer la passada amb precisió, a l'altura del pit del receptor, per no provocar endarreriments en la jugada.
- Dominar el nombre més gran possible de tipus de passada.

La jugadora fa una passada sense mirar el receptor, i així dificulta la intercepció de la pilota o el marcatge del contrari.

Tipus de passada

Si parlem del desplaçament de la pilota, podem distingir tres tipus de passada: **parabòlica** (1), **directa** (2) i **picada** (amb bot) (3).

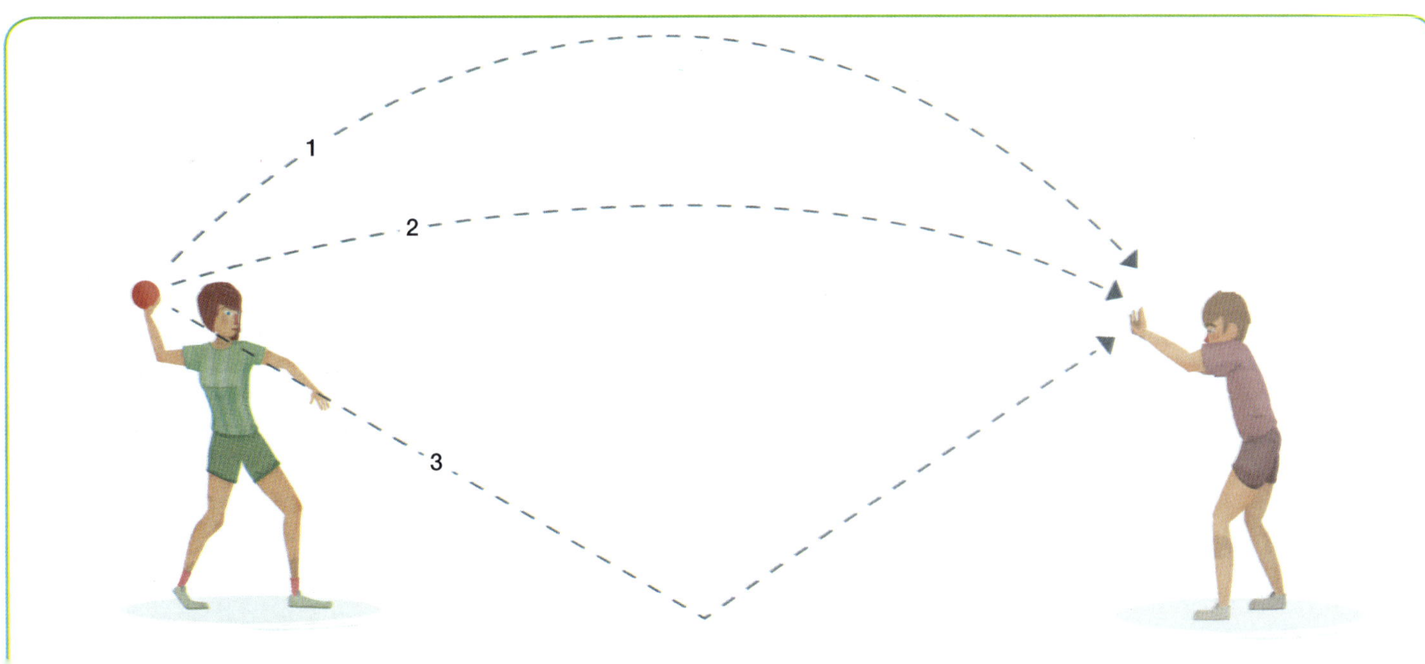

Si tenim en compte la posició corporal, podem parlar de dos tipus de passada:

- **Passada frontal:** aquesta passada té com a destinatari un jugador que és davant nostre. Per fer-la, avancem la cama contrària al braç executor. Situem el braç i l'avantbraç en un angle de 90°. En aquesta posició, impulsem la mà en la direcció de la passada i fem rotar el braç en la mateixa direcció.
- **Passada lateral:** es tracta d'una passada molt utilitzada, perquè els jugadors se solen desplaçar pel camp junts, en línia. Per fer-la, situem els peus a la mateixa distància que les espatlles. En el moment de fer la passada, fem una torsió del tronc cap enrere en la direcció del braç que subjecta la pilota. Finalment, fem retornar el tronc a la posició original i alhora estirem el braç per fer la passada.

El llançador aixeca la mà de llançament per sobre del cap per donar la màxima potència a la pilota.

La recepció

La recepció és l'acció de rebre la pilota. S'esmorteeix el cop i es recull la pilota amb la mà per assegurar-ne la possessió i poder seguir el joc.

Per practicar la passada i la recepció, podem dur a terme un exercici que consisteix a disposar els jugadors en cercle, separats uns 3 metres els uns dels altres. Un dels jugadors se situa a l'exterior, mentre que la resta es passa la pilota en sentit de les agulles del rellotge sense saltar-se ningú. El jugador exterior ha de córrer darrere la pilota, sempre per l'exterior, intentant interceptar-la per ocupar la posició de qui hauria d'haver rebut la passada.

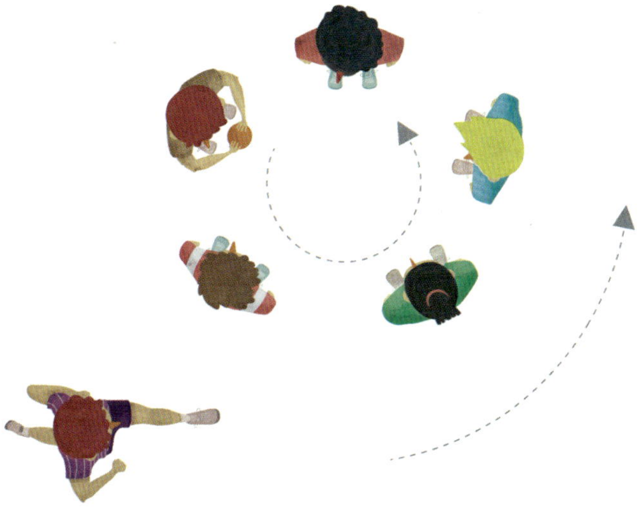

El llançament

És l'acció final d'atac, que té com a objectiu fer gol. Per dur-lo a terme, endarrerim el braç a l'alçada del cap i l'impulsem en direcció a la porteria. Segons la situació i la tècnica que es faci servir, es pot fer un llançament amb suspensió, de maluc, rectificant, picat o amb vaselina.

El bot

El bot consisteix a llançar la pilota a terra i fer-ne una recepció de manera controlada. Fent botar la pilota ens podem desplaçar sense cometre passes. El bot pot ser alt en accions d'atac o baix en situacions defensives.

La finta

Es tracta d'una acció d'engany per descol·locar l'adversari. Consisteix a iniciar un moviment, que interrompem sobtadament per fer-ne un altre de diferent. La finta pot ser de llançament (fem veure que llancem la pilota), de passada (fem veure que la passem) o de desplaçament (fem veure que ens movem en una direcció).

La finta és una acció tècnica que ens permet desmarcar-nos dels defensors i situar-nos sols davant de la porteria.

3. Especialització en un equip d'handbol

Quan un jugador o jugadora arriba a un nivell avançat, s'especialitza en una posició concreta del camp, determinada per les seves habilitats i per la seva constitució física.

- **Porter (1):** és l'únic jugador que pot estar-se dins l'àrea, on està autoritzat a fer les passes que vulgui amb la pilota a les mans i a tocar-la amb els peus. Ha d'anar amb un equipament d'un color diferent del de la resta de l'equip. Fora de l'àrea, s'ha de comportar com qualsevol altre jugador de camp.
- **Central (2):** és el director del joc, per la qual cosa ha de tenir visió de joc i destresa. És el primer a rebre la pilota del porter per iniciar una jugada d'atac. En situació de defensa, es col·loca al centre de la línia defensiva, al costat del pivot.
- **Lateral (3):** n'hi ha dos, un a cada costat del central. Són jugadors alts i corpulents i amb un llançament potent. Són els encarregats de trencar la defensa des de la línia de 9 metres i assisteixen els extrems que tenen al costat.
- **Extrem (4):** també n'hi ha dos i es col·loquen als extrems de la formació, un a cada costat dels laterals. Són jugadors ràpids, àgils, de poc pes i amb una gran capacitat de salt. Eixamplen la defensa i creen forats.
- **Pivot (5):** és l'encarregat d'internar-se en la defensa rival i obrir espais. Són jugadors robustos experts en la lluita cos a cos.

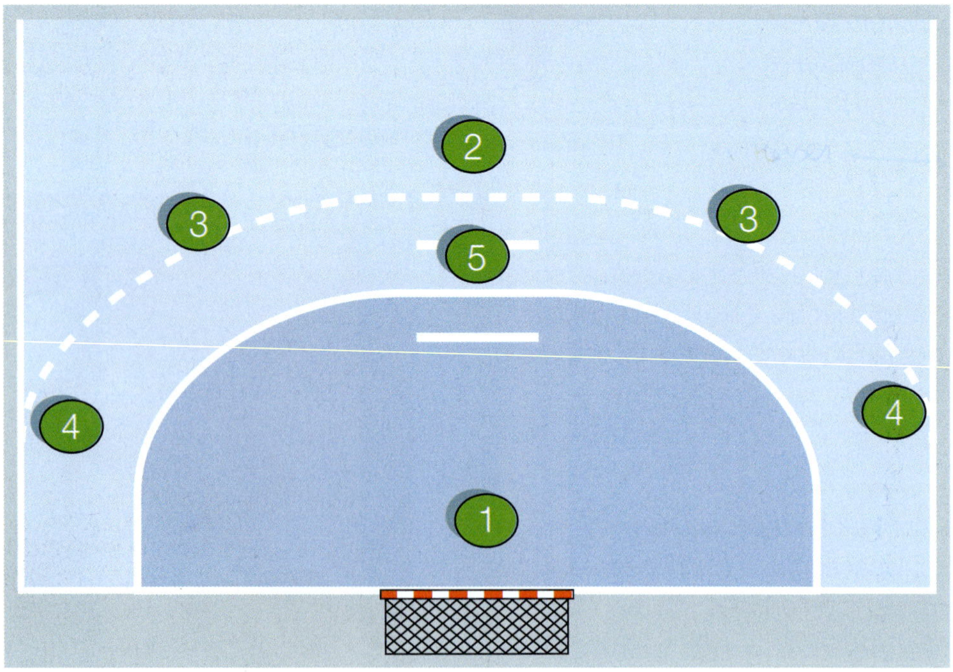

Posició dels diferents jugadors al camp.

El porter és l'únic jugador que pot estar-se dins l'àrea i tocar la pilota amb els peus.

Central repartint el joc i organitzant l'atac del seu equip.

El pivot acostuma a trobar-se en situacions de cos a cos, tot sovint amb més d'un rival.

4. Tàctica del joc en equip

La manera d'organitzar els jugadors al camp s'anomena *sistema*. El sistema pot ser ofensiu (per atacar) o defensiu (per defensar).

Sistema ofensiu amb tres atacants a la segona zona. El pivot ha aconseguit desmarcar-se.

Sistemes ofensius (objectiu: marcar gol)

- **Sistema 3-3:** consisteix a disposar una primera línia de 3 jugadors (els laterals i el central) i una segona també de 3 jugadors (els extrems i el pivot).

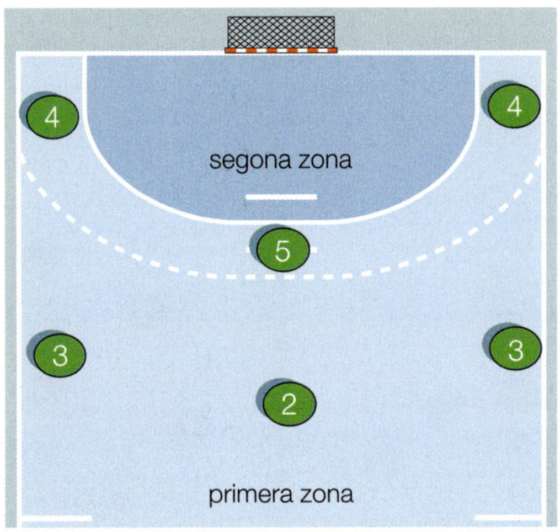

Sistema ofensiu amb quatre jugadors a la segona zona. La defensa s'afanya a cobrir els pivots, i deixa els extrems desmarcats.

- **Sistema 2-4:** consisteix a disposar una primera línia de 2 jugadors (els laterals) i una segona de 4 jugadors (els extrems i 2 pivots).

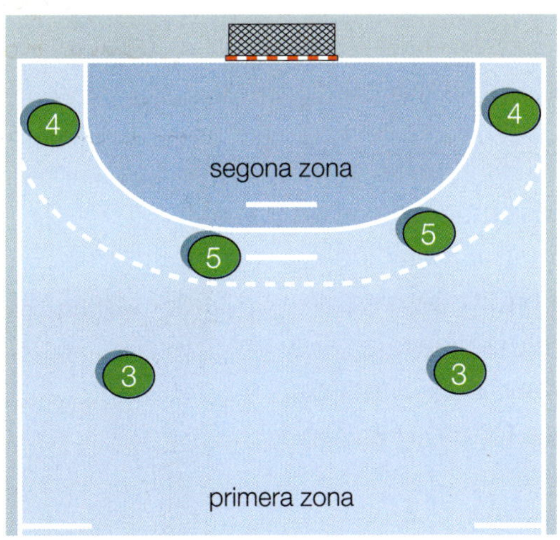

Sistemes defensius (objectiu: evitar el gol i recuperar la pilota)

Defensa individual

Cada jugador marca un adversari. La defensa individual s'utilitza per pressionar i per recuperar ràpidament la pilota.

Defensa individual, en què cada jugador marca un adversari.

Defensa en zona

Cada jugador s'encarrega d'una zona assignada, amb l'objectiu d'evitar el llançament de l'equip contrari.

- **Sistema 5-1:** un jugador avançat segueix la pilota per obstaculitzar-ne la circulació i la resta de jugadors es disposen al voltant de l'àrea de 6 metres.
- **Sistema 6-0:** tots els jugadors es disposen al voltant de l'àrea de 6 metres formant un arc defensiu. La formació es desplaça lateralment seguint la pilota i només es pot sortir de l'arc per marcar els jugadors que intenten penetrar amb la pilota.
- **Sistema 3-2-1:** disposició en tres línies defensives que té com a objectiu reforçar la defensa del central i els laterals de l'equip contrari.

A la defensa en zona es fan ajudes en el marcatge, tot i que això implica deixar algun jugador lliure de marcatge.

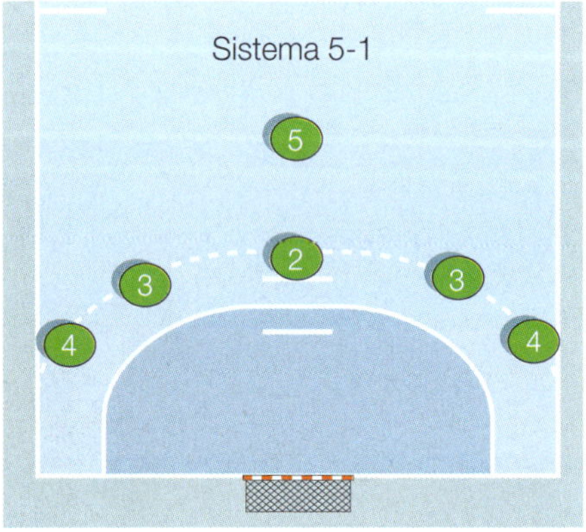

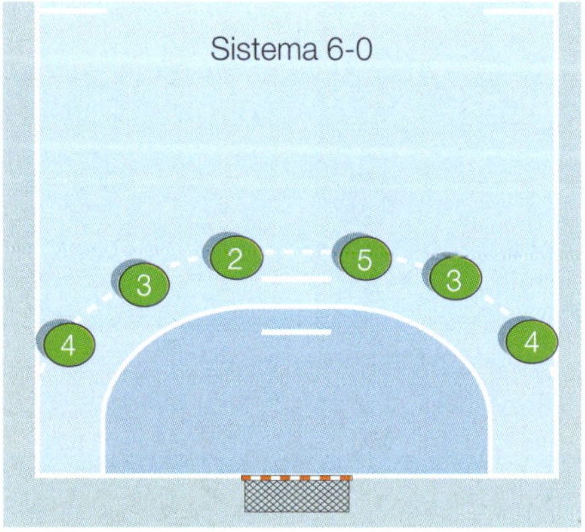

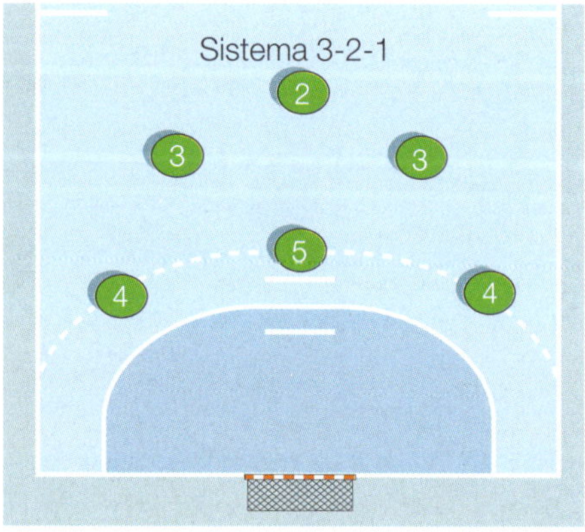

La marca siemens ho va inventar, ja que el director de la fàbrica, Max Heiser va arribar a la conclusió que els treballadors no rendien bé llavors va inventar aquest joc, per fer un descans

5. D'on prové l'handbol? Max Heiser →

Ja des de l'antiguitat hi ha descripcions de jocs de pilota amb la mà i obres d'art que els representen. El joc que avui dia coneixem per *handbol*, però, no és gaire antic, ja que prové d'una sèrie de jocs similars que es practicaven a principis del segle XX al centre i al nord d'Europa. Inicialment, es practicava a l'aire lliure, en camps de futbol. Més endavant, a causa de la inclemència climàtica, es va començar a practicar en una pista coberta amb equips formats per 7 jugadors.

A Espanya, el seu origen està relacionat amb l'entorn militar. L'any 1928 es va presentar el que es va conèixer com a *balón a mano* en el regiment Alcántara de Barcelona. El primer reglament que se'n coneix data del 1929 i està signat pel capità Hermosa.

L'handbol forma part de les Olimpíades des dels Jocs de Munic del 1972 en la categoria masculina, i des dels Jocs de Mont-real del 1976 en la categoria femenina.

Des de l'antiguitat hi ha testimonis dels jocs de pilota amb la mà, tal com demostra aquest mosaic romà de Piazza Armerina (Sicília).

Sabies que...?

- La Federació Internacional d'Handbol va organitzar el primer campionat del món masculí l'any 1954.
- En les categories d'iniciació, a l'àrbitre se l'anomena *tutor de joc* i el seu paper és de caràcter formador.
- Per fer gol, la pilota ha de sobrepassar totalment la línia de porteria.
- La selecció espanyola té el rècord de gols en una final: 40 gols contra Croàcia, l'any 2005.
- Hi ha jugadors que poden arribar a llançar la pilota a 130 quilòmetres per hora.
- Per no perdre la pilota i assegurar una bona prensió, els jugadors fan servir resina adherent a les mans.
- Després de l'aparició del voleibol platja, va aparèixer la modalitat de platja de molts esports. L'handbol també disposa d'aquesta versió, que es diferencia de la tradicional per l'absència de bot.

Un jugador en el moment de fer un llançament. El salt ajuda a donar una gran velocitat a la pilota, de fins a 130 km/h.

Un partit d'handbol en la modalitat de platja.

Un partit en les categories de formació. Al fons podem veure la tutora de joc.

Objectius competencials (aportació en competències)

- Conèixer i utilitzar les pròpies possibilitats motrius en relació amb els altres, amb diferents objectes i en diversos medis.
- Utilitzar els jocs i els esports com a mitjà de relació amb els altres i valorar positivament l'esforç.
- Saber treballar en equip en jocs i esports i valorar la participació més que l'obtenció de resultats.
- Valorar la pràctica de l'activitat física com una forma agradable d'ocupació del temps lliure.

El bàsquet

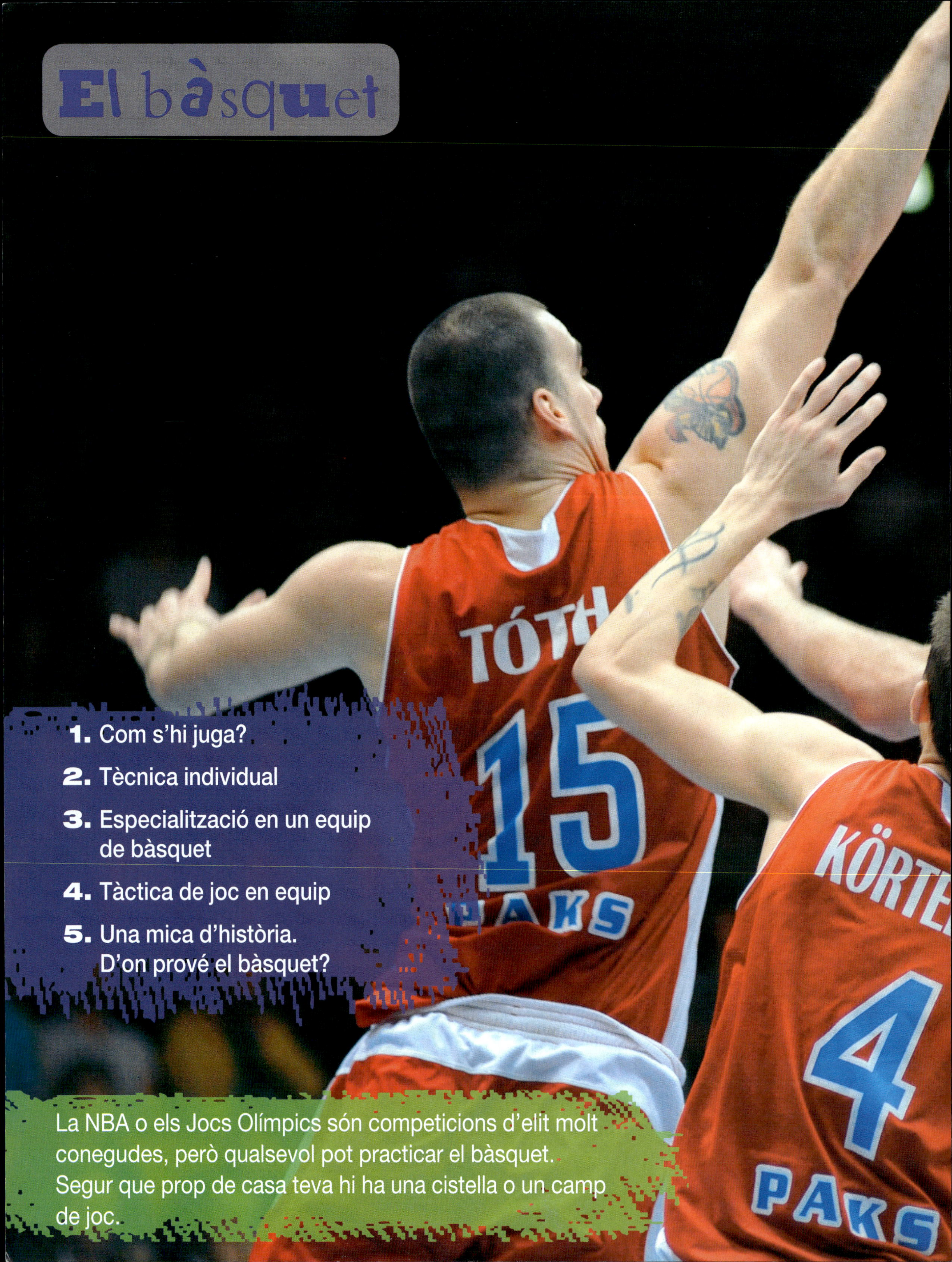

1. Com s'hi juga?
2. Tècnica individual
3. Especialització en un equip de bàsquet
4. Tàctica de joc en equip
5. Una mica d'història. D'on prové el bàsquet?

La NBA o els Jocs Olímpics són competicions d'elit molt conegudes, però qualsevol pot practicar el bàsquet. Segur que prop de casa teva hi ha una cistella o un camp de joc.

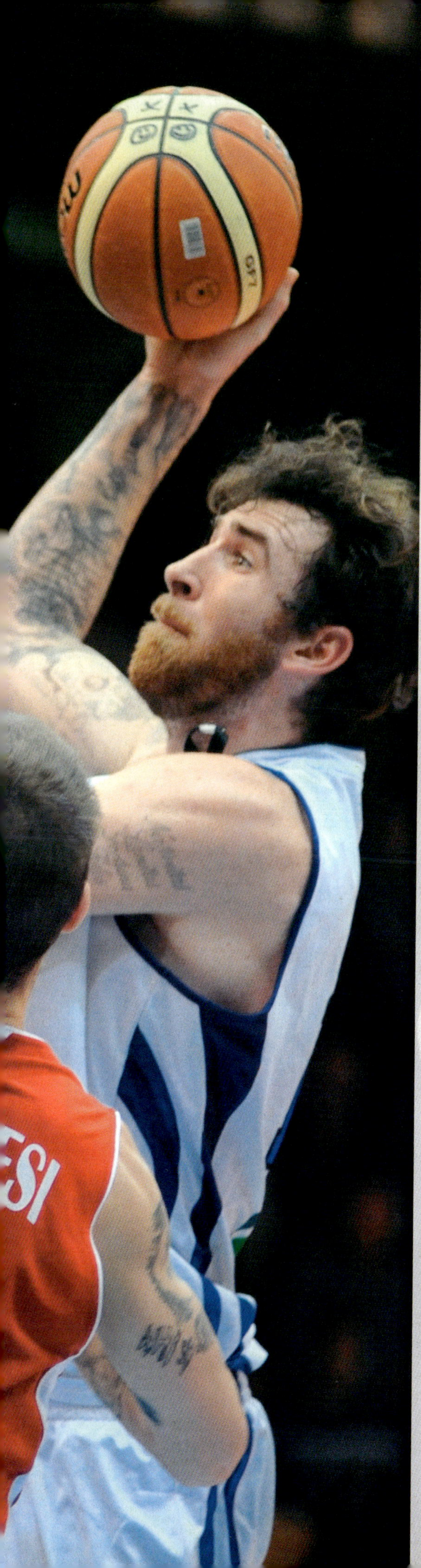

UNITAT 17

#basketball #BotaPassaTira

La velocitat, la precisió, la lluita pel rebot, l'intercanvi de cistelles i la defensa fan del bàsquet un esport molt divertit. Es juga amb les mans i està prohibit tocar la pilota amb els peus.

Per jugar a bàsquet hem d'aprendre a fer botar la pilota i a llançar-la dins la cistella, i també a tenir una bona comunicació amb els companys i companyes d'equip per fer bones passades.

El bàsquet és un esport espectacular i està a l'abast de tothom. En aquesta unitat didàctica n'aprendrem les regles bàsiques i exposarem tècniques per millorar el nostre joc.

1. Com s'hi juga?

El bàsquet és un esport en què dos equips s'enfronten per controlar una pilota que es juga amb la mà.

- **Terreny de joc:** un partit de bàsquet es disputa en una pista, generalment de parquet, que té una forma rectangular de 28 × 15 metres. Aquest camp es divideix en dues meitats i té marcades diferents zones que tenen les característiques següents:

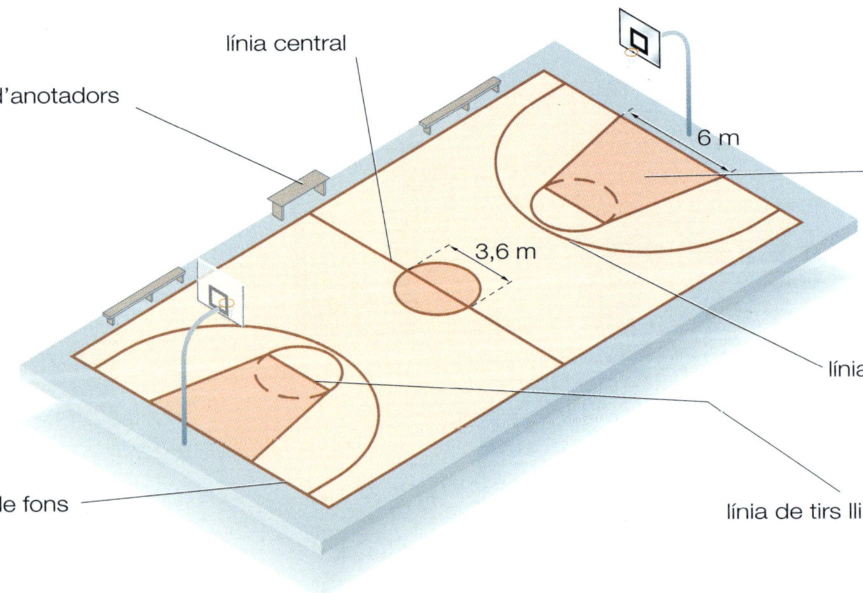

- **Objectiu:** el joc consisteix a introduir la pilota a la cistella de l'equip contrari. Les cistelles es puntuen segons la distància. L'equip guanyador és el que aconsegueix més punts. En cas d'empat, es juguen tantes pròrrogues com calgui fins que un dels dos equips s'endugui la victòria.
- **Durada del partit:** quatre parts (o períodes) de 10 minuts. El cronòmetre s'atura cada cop que l'àrbitre xiula. Es fa un descans llarg de 10 a 15 minuts després del segon temps. Després del primer i del tercer temps es fa una pausa de 2 minuts. Les pròrrogues tenen una durada de 5 minuts.
- **Inici del partit:** l'àrbitre posa en joc la pilota tirant-la enlaire al centre del camp entre dos jugadors, un de cada equip, que salten per mirar d'obtenir-ne el control. En el bàsquet reglamentari, la taula arbitral decideix quin dels dos equips tindrà la pilota en l'inici dels altres tres períodes. Tanmateix, a les classes d'educació física se solen començar tots els períodes amb un salt entre dos jugadors contraris.
- **Composició dels equips:** els equips els formen un màxim de 12 jugadors i un mínim de 8. A la pista, però, només juguen 5 jugadors contra 5.
- **Canvis:** en un partit de bàsquet es pot fer un nombre il·limitat de canvis de jugadors, en qualsevol fase del partit. No obstant això, en les categories inferiors (fins a la cadet) només es poden fer canvis en l'últim període de 10 minuts.

Salt entre dos jugadors a l'inici d'un partit.

- **Sistema de puntuació:** segons el lloc des d'on es faci el llançament, la cistella es puntua amb tres valors diferents:
  - 3 punts si s'encistella fora de la línia de 6,25 metres (6,75 metres per als equips professionals),
  - 2 punts si s'encerta des de dins de la línia de 6,25 metres i
  - 1 punt si s'encerta des de la línia de llançaments lliures.

Reglament del bàsquet (normes i infraccions)

Dobles: s'anomenen *dobles* o *falta doble* els tres supòsits següents:
- Fer botar la pilota amb totes dues mans alhora.
- Fer botar la pilota per damunt de la cintura.
- Parar el bot de la pilota, agafar-la amb totes dues mans i tornar-la a fer botar.

Passos: s'anomena *passos* l'acció de córrer o caminar sense fer botar la pilota. El reglament només permet fer dos passos sense fer-la botar, i tot seguit cal llançar-la a cistella o passar-la a un company o companya. Si es fa un tercer pas sense fer-la botar, s'incorre en la infracció de passos.

Camp enrere: acció de fer retrocedir la pilota al camp defensiu un cop l'equip ha travessat la línia de mig camp.

24 segons: límit de temps de què disposa un equip per atacar sense llançar a cistella.

5 segons: límit de temps de què disposa un jugador en possessió de la pilota per fer una passada, llançar-la a cistella o fer-la botar.

3 segons: límit de temps durant el qual un jugador atacant pot estar dins la zona de cistella de l'equip contrari.

Peus: acció de tocar la pilota amb les cames o els peus.

Fora: acció en què un jugador que té la pilota surt dels límits del camp o trepitja les línies de fons o de banda.

Aquestes infraccions se sancionen amb la pèrdua de la pilota per part de l'equip infractor. L'equip contrari en recupera la possessió i posa en joc la pilota des de la línia de banda o de fons més propera.

Falta personal: acció antireglamentària que es produeix en el moment en què hi ha contacte físic (un toc o una empenta) amb un jugador contrari. Quan la falta la comet un jugador de l'equip atacant s'anomena *falta en atac*. Perquè es produeixi aquesta situació, el jugador defensor ha d'estar quiet i ha tenir tots dos peus a terra.

Aquesta infracció es castiga de maneres diferents:
- Servei des de la línia de fons més propera.
- Dos llançaments lliures a càrrec del jugador que rep la falta, si el jugador estava en situació de llançament.
- Tres llançaments lliures, si el jugador estava llançant des de fora de la línia de 6,75 m.
- Un llançament lliure addicional, si el jugador rep la falta en l'acció de tir i encistella (2 + 1).
- Quan un jugador comet 5 faltes personals ha d'abandonar el camp i ha ser substituït per un company de l'equip.

Un jugador fa un llançament des de la línia de tirs lliures.

El jugador defensor comet una falta personal en intentar frenar l'entrada a cistella de l'atacant.

2. Tècnica individual

Posició de base del jugador

Per jugar bé a qualsevol esport d'equip hem de mantenir una postura que ens permeti estar preparats per fer accions de forma ràpida. En el cas del bàsquet, cal adoptar aquesta posició de base:

- Cos equilibrat, amb el pes distribuït en totes dues cames, preparat per fer qualsevol acció (passar, fer botar, tirar o desplaçar-se).
- Cames lleugerament flexionades, amb la musculatura en tensió, que permet fer accions ràpides.
- Cap dret, amb la mirada endavant.
- En el cas de la defensa, hem de mirar de no estar gaire temps enlaire i ens desplacem lateralment amb passes curtes i ràpides.

La posició dels dos jugadors (atacant i defensor) els prepara per a la realització d'accions amb rapidesa.

El bot i el driblatge

El bot serveix per desplaçar-nos pel camp amb la pilota. Per fer botar la pilota l'acompanyem suaument amb els dits de la mà, amb un impuls del canell per donar-hi la direcció. Hi ha dos tipus de bot:

- **Bot alt:** té com a objectiu avançar ràpidament i en cursa a través del camp. El bot ha de ser alt i cap endavant.
- **Bot baix:** té com a objectiu protegir la pilota i evitar que el defensor ens la prengui. Disposem de poc espai; per tant, el bot ha de ser baix i de costat, de manera que el propi cos protegeix la pilota. Aquest estil de bot ens permet fer canvis de direcció i de ritme quan ens interessa.

El driblatge és una acció que té com a objectiu esquivar un jugador defensor en una acció d'un contra un. Consisteix a canviar la direcció del desplaçament per mitjà d'un canvi de mà de la pilota mentre la fem botar. El canvi de mà més senzill consisteix a passar la pilota amb un bot per davant del cos. També es pot fer per sota les cames o per darrere del cos.

El jugador atacant aconsegueix superar el defensor gràcies a un regateig.

Has de saber fer botar la pilota amb totes dues mans; per això has d'insistir en l'entrenament de la mà menys hàbil o mà dolenta.

Al final de l'impuls amb els dits de les mans, cal dirigir la pilota amb un cop de canell.

Has d'intentar fer botar la pilota sense mirar-la; el tacte amb els dits t'ajudarà a controlar-la i a fer canvis de mà amb més seguretat.

La passada i la recepció

Passar la pilota és l'element fonamental de la jugada d'atac i és la manera més habitual i ràpida de moure la pilota.

Es juga millor i més ràpid passant la pilota a un jugador desmarcat que desplaçant-se fent botar la pilota. Quan es juga a bàsquet no és bo abusar del bot. Quan aprenem a aixecar el cap, a detectar un company o companya desmarcat i a fer una bona passada de pilota, el bàsquet esdevé un joc més divertit. En l'acció de la passada cal tenir en compte dos aspectes fonamentals:

Apuntar bé, agafar la pilota amb els dits i impulsar-la amb els braços estesos són accions que afavoreixen la precisió de la passada.

- **La tècnica i la precisió del passador**
  - La passada ha de ser forta i tensa, però mai violenta.
  - Cal agafar la pilota principalment amb el dits i procurar que el palmell hi tingui poc contacte. L'última part del cos que ha de tocar la pilota són els dits.
  - El passador ha d'apuntar o bé al pit del receptor o bé a la mà que demana la pilota (mà de blanc).

  Hi ha molta varietat de passades, però aquest curs en practicarem quatre: la passada de pit, el picat, la de beisbol (o de contraatac) i la passada lateral.

- **El desmarcatge i la tècnica del receptor**
  - El receptor ha d'observar bé la pilota i esperar amb els dits ben oberts i els palmells orientats cap a la pilota.
  - Si un jugador vol ser objecte d'una recepció, cal que demani la pilota, oferint una mà de blanc.
  - El receptor s'ha de desmarcar, ha d'intentar alliberar-se del seu defensor en pocs metres per poder rebre la pilota. Aquest desmarcatge es pot fer mitjançant els canvis de ritme, les fintes, els encreuaments, les portes enrere, etc.

El receptor ha d'estar atent i esperar la pilota, desmarcant-se del defensor i amb les mans i els braços preparats per rebre la passada.

Pivotar

És l'acció en què un jugador en possessió de la pilota manté un peu a terra mentre gira sobre si mateix amb el peu que queda lliure. Com que no hi ha un desplaçament, no cal fer botar la pilota. Aquesta acció serveix principalment per desmarcar-se quan deixem de fer-la botar i un defensor s'ha situat a prop nostre. També serveix per encarar-se a un objectiu concret sense fer passos. El peu que és a terra s'anomena *peu de pivot* i ha de pivotar sobre la punta del peu.

El jugador atacant pivota i protegeix la pilota amb el cos davant de la pressió defensiva.

Les parades

És el moviment que permet aturar-se després del bot o quan es rep una passada. Cal aprendre a parar bé per no fer la infracció de passes. El contacte amb el terra s'ha de fer amb els genolls ben flexionats per amortir la caiguda. Podem parar en un temps o en dos temps. En les parades de dos temps, el peu de pivot és el que toca a terra primer.

El tir o llançament

És el gest tècnic per mitjà del qual aconseguim impulsar la pilota amb precisió per mirar d'encistellar-la. Es pot executar de diverses maneres. Les dues més habituals són:

- **Llançament de mitja o llarga distància:** fem aquest llançament amb els peus encarats a la cistella i una mica separats i mantenim les cames lleugerament flexionades (com en la posició de base). Amb la mà destra, agafem la pilota amb els dits, procurant que el palmell no la toqui. L'altra mà es posa al costat de la pilota (mai al davant). Un cop agafada la pilota, alcem el colze davant la barbeta, alhora flexionem les cames. Finalment, fem un cop de canell i, en darrer lloc, un cop de dits. Després de llançar la pilota, la mà i el braç de tir han de quedar enlairats, completament rectes i alineats amb la cistella. D'aquesta manera n'assegurem una bona direcció, i només cal tenir precisió i fer un bon càlcul de la potència que és necessària.
- **Llançament a prop de la cistella amb entrada:** l'entrada a cistella consisteix a fer dues passes sense fer botar la pilota quan som a prop de la cistella. Pot ser després d'un bot o d'una recepció de la pilota. En el mateix moment en què agafem la pilota fem el primer pas de recolzament. Després, recolzem l'altre peu per impulsar-nos i enlairar la pilota amb totes dues mans. Finalment, la deixem anar cap a la cistella amb una sola mà.

El llançament és el gest tècnic que té més dificultat en el bàsquet. Amb el mètode de repetició, però, qualsevol gest tècnic es pot assolir.

Glossari

Finta: és l'acció d'enganyar l'adversari que ens marca, iniciant un moviment per provocar que el defensor reaccioni i es mogui en una direcció. Quan ho fa, s'interromp el moviment i se n'inicia un altre en sentit contrari, de manera que la mateixa inèrcia del defensor ens garanteix el desmarcatge. La finta pot ser de tir, de passada, d'arrencada, etc.

L'un contra un

Tècnica del jugador atacant: el jugador atacant ha d'intentar superar el company o companya per mitjà de canvis de mans i de ritme, és a dir, desmarcant-se. El desmarcatge pot tenir diversos objectius:

- intentar fer un llançament,
- entrar a cistella,
- fer una passada a un company desmarcat,
- rebre una passada sense la pressió de l'adversari.

Tècnica de jugador defensor: el marcatge d'un jugador és un tipus de defensa que s'anomena *defensa individual*, contraposada a la defensa de zona, en què no tenim assignat un atacant concret, sinó una zona del camp. En un marcatge individual, hem de tenir en compte els aspectes següents:

- Ens hem de situar entre el jugador que ataca i la cistella, prop de l'adversari, però sense tocar-lo.
- Els desplaçaments han de ser laterals i ràpids.
- Si l'atacant fa botar la pilota, hem d'intentar prendre-li.
- Hem de mantenir una distància de seguretat per tal que no ens superi fàcilment.
- Si para de botar, hem de pressionar; només tindrà 5 segons per llançar o passar la pilota.
- Quan l'atacant es decideix a llançar a cistella o a fer una passada, aixequem el braç per mirar de fer un tap o per intentar interceptar la pilota.

Marcatge individual d'un contra un.

3. Especialització en un equip de bàsquet

Quan un jugador o jugadora de bàsquet arriba a un nivell avançat, s'especialitza en una posició concreta del camp, d'acord amb les seves habilitats i la seva alçada. Les posicions del camp són les següents:

- **El base (1):** és el director de joc. Té un bon domini del bot i de la passada i, sobretot, una bona visió de joc. És l'encarregat de dur la pilota al camp contrari i és l'organitzador de l'atac. Acostuma a ser el més baix de l'equip.
- **Els ales (2-3):** dominen el bot, la passada i el tir llunyà. Acompanyen el base i finalitzen els contraatacs. Acostumen a ser jugadors molt polivalents.
- **Els pivots (4-5):** són els membres de l'equip que juguen més a prop de la cistella i normalment són els més alts. Lluiten pel rebot i acostumen a treballar per fer tirs prop de la cistella.

La base de l'equip indicant la jugada tàctica a les seves companyes.

Esquema de la posició dels jugadors a la pista.

4. Tàctica de joc en equip

Com s'ataca en equip?

Un cop ens hem familiaritzat amb la tècnica individual del bàsquet, cal que aprenguem diverses normes i conceptes bàsics per poder jugar en equip:

Transició

Es tracta d'un moviment ràpid que pretén situar l'equip en posicions ofensives o defensives (replegament). Quan perdem la pilota o la recuperem, cal que tot l'equip es mogui ràpidament a l'atac o a la defensa. Ningú no s'ha de quedar al mig del camp. Per treballar aquest concepte podem practicar diversos **jocs de transició i passada**.

A dalt, els jugadors inicien una transició ofensiva. A baix, el contraatac del jugador que duu la pilota provoca el replegament de l'equip contrari.

Pilota a la torre	1
Objectiu	Puntuar fent arribar la pilota a la torre (treball de la passada, les transicions i els desmarcatges).
Espai o terreny de joc	Un camp de bàsquet.
Material	Una pilota de bàsquet.
Participants	Dos equips de 5 a 8 jugadors.
Regles i desenvolupament	Un jugador de cada equip se situa dins la rodona de tirs lliures (la torre). La resta de companys i companyes han de mirar de fer-li arribar la pilota per mitjà de passades. L'equip contrari ha d'intentar evitar-ho. No es pot córrer amb la pilota a la mà, ni fer-la botar. La puntuació té una certa dificultat, ja que el jugador que està a dins de la torre no pot moure els peus ni saltar per rebre la pilota. Això requereix una gran precisió en la passada final.

Plantar la pilota	2
Objectiu	Puntuar plantant la pilota a la línia de fons (treball de la passada i les transicions).
Espai o terreny de joc	Un camp de bàsquet.
Material	Una pilota de bàsquet.
Participants	Dos equips de 4 a 8 jugadors.
Regles i desenvolupament	L'equip atacant ha de mirar de fer arribar la pilota a la línia de fons, mentre que l'equip contrari ha d'intentar evitar-ho. No es pot córrer amb la pilota a la mà, ni fer-la botar. Només es poden fer passades. La puntuació té una certa dificultat, ja que cap jugador no pot entrar a la zona de marcatge (més enllà de la línia de fons) si no és per fer el punt, de manera que la recepció s'ha de fer en l'aire i caure a la zona de marca sense que s'escapi la pilota. La durada pot ser de 5 minuts o fins a un límit de 5 punts. Es pot introduir una variant consistent a puntuar doble en cas que la passada final es produeixi des del mig del camp.

Respectar els espais. Jugar sense molestar-nos entre nosaltres:

Per jugar organitzats sense amuntegar-nos darrere de la pilota, cal establir uns espais i unes quantes normes.

Podeu fer partits de 3 × 3 a mitja pista, o de 5 × 5, a l'hora del pati contra altres companys i companyes. Proveu d'organitzar partits de bàsquet. És molt divertit!

Dos contra dos	3
Objectiu	Puntuar amb llançaments a cistella.
Espai o terreny de joc	Un camp de bàsquet.
Material	Una pilota de bàsquet.
Participants	Dos equips de 2 jugadors.
Regles i desenvolupament	El jugador que té la pilota ha d'intentar fer l'un contra un (1 × 1) i entrar a cistella o passar-la al company o companya. El jugador sense pilota: • s'ha de desmarcar i «tallar» (córrer cap a la cistella); • en cas que no pugui rebre la pilota, ha de tornar enrere i intentar de nou la desmarcada; • cal que busqui els espais lluny del company o companya per tal que pugui intentar l'un contra un si ho necessita.

Dos contra dos.

Tres contra tres	4
Objectiu	Puntuar amb llançaments a cistella.
Espai o terreny de joc	Un camp de bàsquet.
Material	Una pilota de bàsquet.
Participants	Dos equips de 3 jugadors.
Regles i desenvolupament	S'han de respectar 3 posicions. Un jugador ha d'estar al centre i els altres dos s'han de situar un a cada costat. Les normes són: • no ocupar l'espai del company, • després de passar la pilota sempre cal tallar a cistella i ocupar una posició lliure, • passar la pilota al que està sol i • tirar a cistella si no ens defensa ningú.

Tres contra tres.

Cinc contra cinc	5
Objectiu	Puntuar amb llançaments a cistella.
Espai o terreny de joc	Un camp de bàsquet.
Material	Una pilota de bàsquet.
Participants	Dos equips de 5 jugadors.
Regles i desenvolupament	Els espais que cal ocupar són un jugador pel centre, dos per la dreta i dos per l'esquerra. Des d'aquesta organització inicial, hem de continuar el joc seguint tres normes principals: • no ocupar, dos jugadors, el mateix espai, • deixar espai al jugador que té la pilota perquè pugui fer l'un contra un, • passar la pilota al jugador que està sol i més ben situat, • desmarcar-nos si no tenim la pilota, i • passar i tallar sempre que puguem.

Cinc contra cinc.

Com es defensa en equip?

Els sistemes defensius bàsics són dos:

- **Defensa individual:** cada defensor s'encarrega de defensar un atacant. És la defensa que se sol utilitzar durant l'aprenentatge del bàsquet.
- **Defensa en zona:** cada jugador s'encarrega de defensar una zona del camp d'una manera ordenada i sincronitzada amb els companys. El sistema més utilitzat és el 2:3 o 3:2.

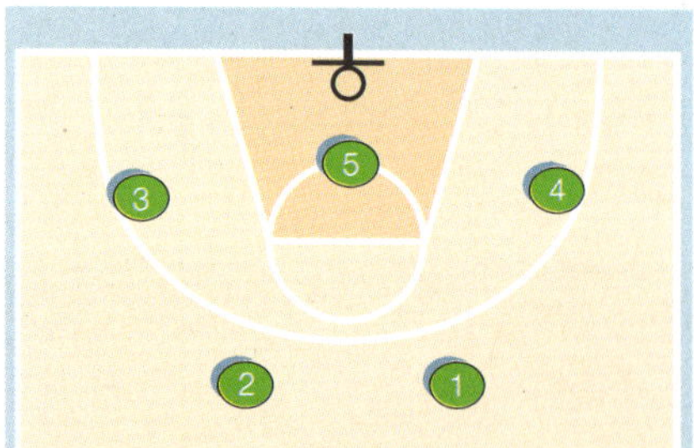

Defensa 2:3

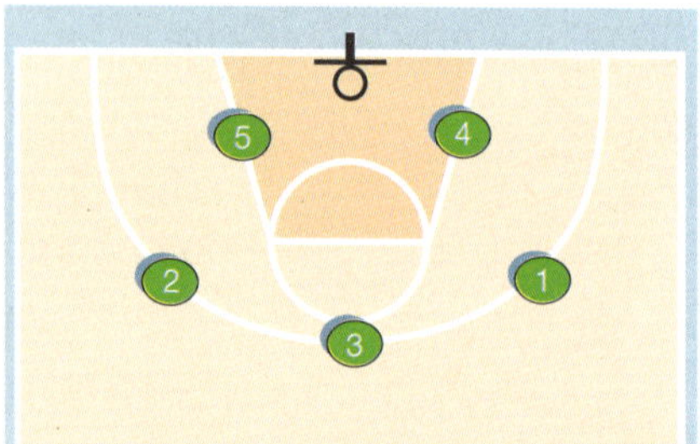

Defensa 3:2

5. Una mica d'història. D'on prové el bàsquet?

James Naismith, un professor d'educació física de la Universitat de Springfield (Massachusetts), va idear el 1891 un joc d'equip que es pogués practicar en el gimnàs durant els mesos freds de l'hivern. Després de redactar 11 normes, va col·locar dues cistelles de préssecs clavades en els extrems d'una pista a 3,05 metres d'altura (és l'altura reglamentària actual). D'aquí en va néixer el nom: *basket-ball*, 'cistella' i 'pilota', que en català s'ha adaptat com a *basquetbol* i, d'una manera abreujada, com a *bàsquet*.

Els alumnes de Springfield van difondre l'esport per tot el món, però l'autèntica expansió va tenir lloc durant la Segona Guerra Mundial, mitjançant els soldats de l'exèrcit nord-americà.

El sacerdot Eusebio Millán, que va conèixer l'esport a Cuba, va introduir el bàsquet al nostre país l'any 1921, a l'Escola Pia de Sant Antoni de Barcelona.

El bàsquet va formar part de les Olimpíades per primera vegada en els Jocs Olímpics de Berlín (1936), però només en categoria masculina. Les dones van poder debutar quaranta anys més tard, el 1976, a Mont-real.

Sabies que...?

El jugador d'origen xinès Yao Ming, al seu pas pels Houston Rockets.

- Els Jocs Olímpics de Barcelona del 1992 van ser els primers en què van participar els jugadors de la lliga professional dels Estats Units, la NBA. Van guanyar el campionat, i de tan bo que era aquell equip, el van anomenar el *Dream Team* ('Equip de somni').
- Els jugadors més alts que mai han jugat a la NBA han estat Gheorghe Muresan, d'origen romanès i de 2,32 metres d'alçada, que hi va jugar sis temporades, i Manute Bol, de 2,31 metres, que pertanyia a una tribu anomenada *dinka*, del Sudan. Més recentment, el xinès Yao Ming, de 2,28 metres, hi va jugar vuit temporades. El seu pare té una alçada de 2,08 metres i la seva mare, capitana de la selecció xinesa de bàsquet, mesura 1,88 metres.
- El jugador més baix que mai ha jugat a la NBA és Tyrone Bogues, Muggsy, amb 1,59 metres d'altura. Hi va jugar durant catorze temporades i l'any 1987 va coincidir en el mateix equip amb Manute Bol.
- El 3 × 3 és una modalitat del bàsquet amb molta acceptació. Actualment es juguen campionats als pobles, ciutats i clubs de tot el món. N'hi ha campionats europeus i mundials i es lluita per tal que el 3 × 3 esdevingui esport olímpic.

Torneig de 3 × 3 a Bucarest (Romania).

Objectius competencials (aportació en competències)

- Acceptar el propi cos i les seves limitacions, entendre les diferències de capacitat física entre els companys i respectar-les.
- Assolir un cert domini corporal i postural.
- Utilitzar habilitats i destreses motrius en diversos medis.
- Utilitzar els jocs i els esports com a mitjà de relació amb els altres i valorar positivament l'esforç.
- Saber treballar en equip en jocs i esports i valorar la participació més que l'obtenció de resultats.

El futbol

1. Com s'hi juga?
2. La tècnica individual
3. Especialització en un equip de futbol
4. Tàctica del joc en equip
5. Altres modalitats de futbol
6. D'on prové el futbol?

Quan parlem de futbol, parlem de l'esport d'equip més conegut del món. Es juga a tot el món i es calcula que el practiquen uns 270 milions de persones.

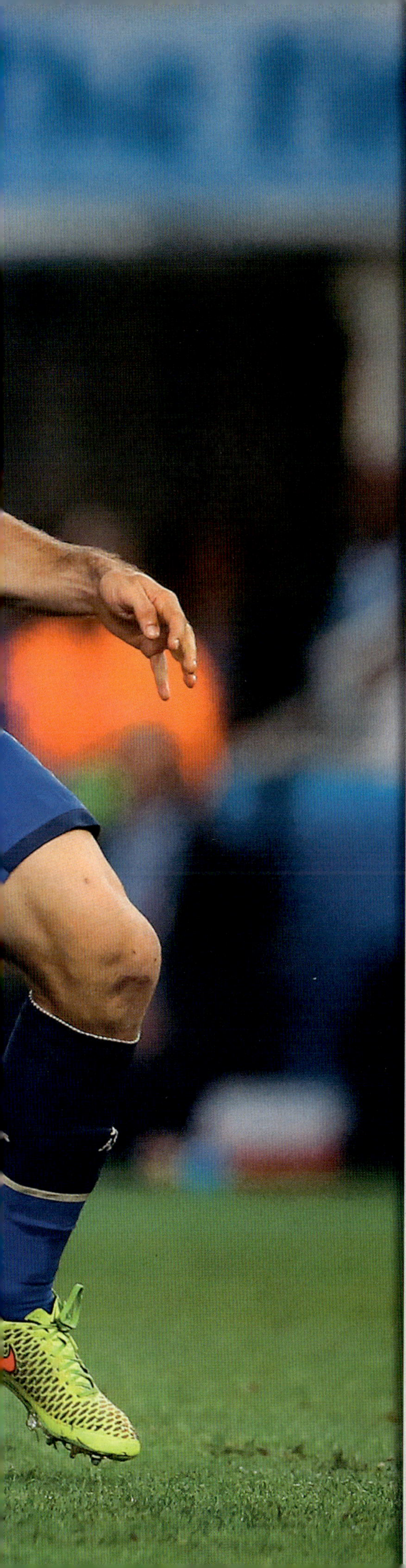

UNITAT 18

#respect

Partint d'una acció natural com és colpejar un objecte amb el peu, s'arriba a poder jugar a futbol. Pot ser un dels primers jocs que fan les criatures, després d'aprendre a caminar.

Xutar una pilota és per a qualsevol infant un repte molt atractiu i més endavant acaba sent una opció esportiva molt estesa.

Així, avui dia no podem parlar de futbol, sinó de futbols, ja que hi ha moltes modalitats al marge de la competició més coneguda, com ara el futbol sala, el futbol 7 o el futbol platja.

El futbol espanyol ha aconseguit un gran nivell competitiu a escala internacional, gràcies als bons resultats assolits per la selecció estatal i pels equips de la primera divisió, que s'han convertit en referents mundials i són presents a les principals competicions.

1. Com s'hi juga?

- **Terreny de joc:** el joc es disputa en un terreny de joc dividit en dues meitats que presenta les característiques següents:

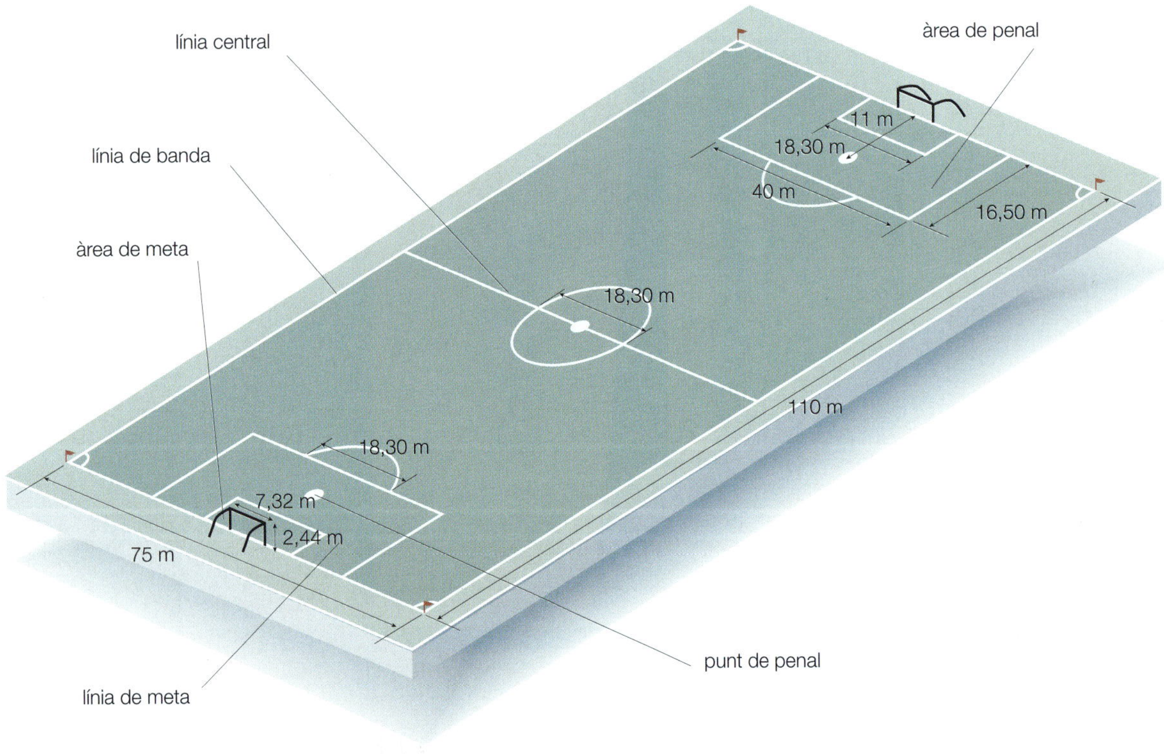

- **Objectiu:** l'objectiu del joc és fer un punt (gol), introduint una pilota en la porteria contrària sense ajuda de les mans o els braços, fonamentalment conduint, passant o xutant la pilota. L'equip que marca més punts (gols) guanya el partit.
- **Durada del partit:** un partit consta de dues parts de 45 minuts amb un descans de 15 minuts. Segons la competició o el tipus de partit, en cas d'empat el matx s'allarga amb una pròrroga de dues parts de 15 minuts cada una. Si l'empat persisteix, es pot arribar a una tanda de penals.
- **Inici del partit:** l'inici del partit es duu a terme a partir d'un sorteig que determina quin dels dos equips fa el servei inicial des del centre del camp, amb una passada en direcció al camp propi. L'equip que perd el sorteig té dret de triar en quina part del terreny de joc vol començar el partit.
- **Composició dels equips:** en un partit de futbol participen dos equips d'11 jugadors, 10 de camp i 1 porter.
- **Canvis:** per regla general, es poden fer fins a tres canvis al llarg de tot el partit.
- **Sistema de puntuació:** la introducció de la pilota a la porteria sempre té el mateix valor, independentment d'on s'hagi produït el llançament i de les característiques de la jugada del gol.

Sorteig inicial entre els dos capitans a càrrec de l'àrbitre del partit.

Reglament del futbol (normes i infraccions)

Normes

La pilota s'ha de jugar fonamentalment amb el peu. Ocasionalment es fan servir altres parts del cos, com ara les cames o el cap, però està totalment prohibit colpejar-la amb els braços i les mans. El porter és l'únic jugador que pot fer servir les mans i els braços, sempre dins de l'àrea de penal.

Quan un equip llança la pilota fora, sobrepassant totalment la línia de banda, el joc s'atura i l'equip contrari reprèn el partit amb un llançament de banda (que es fa impulsant la pilota amb totes dues mans per sobre del cap). En cas que la pilota surti per la línia de fons, impulsada per l'equip defensor, l'equip contrari l'ha de posar en joc amb un llançament de córner. Si és l'equip atacant el que la impulsa més enllà de la línia de fons, la pilota es posa en joc amb un llançament de porteria.

Faltes i incorreccions sancionades amb la pèrdua de la possessió

- **Fora de joc:** situació que es produeix quan només hi ha el porter rival entre un jugador atacant i la línia de fons. En aquest moment, aquest jugador no pot rebre la pilota d'un company. Si ho fa, se sanciona amb falta i la possessió passa al porter de l'equip contrari.
- **Contacte físic antireglamentari:** donar o intentar donar una puntada de peu a un adversari, agafar-lo, fer-li la traveta, fer una càrrega violenta o saltar-li a sobre.
- **Tocar la pilota amb les mans.**
- **Insultar els adversaris, els companys o l'àrbitre:** la represa del joc té lloc amb un tir lliure des del punt on s'ha comès la infracció. Segons la infracció, el tir lliure pot ser:
- **Tir lliure indirecte:** cal fer una passada a un company abans de poder xutar a porteria. Es castiguen amb aquest tir les faltes involuntàries fora de l'àrea de penal.
- **Tir lliure directe:** es pot xutar directament a porteria. Els jugadors defensors poden disposar una barrera davant del jugador que ha de fer el tir lliure. Aquesta barrera ha d'estar situada, com a mínim, a 9,15 metres de distància, una distància que el jugador que ha d'executar la falta té el dret de demanar.
- **Penal:** tir lliure des del punt de penal que s'executa amb tots els jugadors fora de l'àrea excepte el porter i el llançador. Es castiguen amb penal les faltes que són comeses dins la mateixa àrea.

Si la pilota traspassa els límits laterals del camp es reprèn el partit amb un llançament de banda.

Les faltes es poden amonestar amb targeta groga o vermella. La vermella comporta l'expulsió del jugador.

El contacte físic antireglamentari es castiga amb un tir lliure o un penal.

2. La tècnica individual

El reglament permet emprar diferents tècniques amb els peus i el cap per tenir el domini de la pilota, conduir-la i dirigir-la cap a un objectiu.

- **Cop de pilota:** es tracta de l'element que dóna nom a aquest esport. Es pot fer amb diverses parts del peu i ocasionalment amb d'altres parts del cos que no siguin els braços i les mans. Aconseguirem més precisió i domini si apliquem la força justa i la direcció correcta en l'impacte amb la pilota.

  A l'hora del pati, podem veure companys que intenten conduir la pilota amb la puntera i no se'n surten, tot i que xuten amb gran potència. En canvi, n'hi ha que ho fan amb més control i menys potència utilitzant l'interior, l'exterior o l'empenya del peu.

El cop de pilota amb els peus és la base fonamental del futbol i el que hi dóna nom.

Superfícies de colpeig de la pilota amb el peu

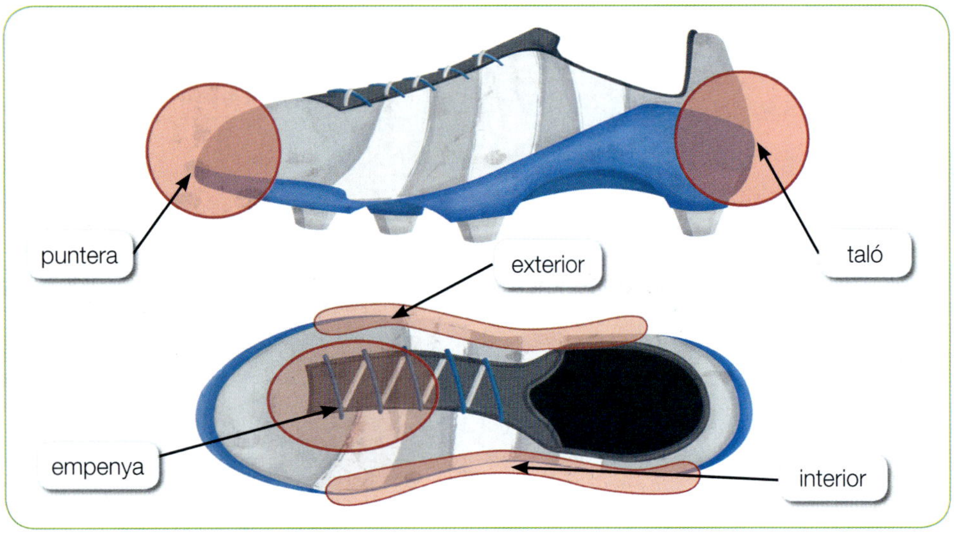

El xut a porteria és l'objectiu final de la jugada d'atac.

- **Passada:** és l'acció tècnica que consisteix a enviar la pilota a un company. En cas que el receptor de la passada sigui el mateix jugador, s'anomena *autopassada*.
  Gràcies a aquest gest tècnic podem jugar en equip, passant-nos la pilota d'un a l'altre i compartint-ne la possessió.
  Es poden fer passades curtes o llargues; rases, a mitja alçada o altes; rectes o amb efecte, i endarrere, endavant, horitzontals o en diagonal.

- **Xut a porteria:** serveix per enviar la pilota a porteria amb la intenció de fer gol. Depenent de l'angle des d'on es xuta i de la posició dels adversaris, pot ser amb efecte (trajectòria corbada), de vaselina, alta o arran de terra.

  El xut més buscat sol ser el que entra per l'escaire de la porteria, ja que és el punt més allunyat de la posició centrada del porter i el més difícil d'aturar.

- **Conducció:** és l'acció de desplaçar-se amb la pilota controlada per mitjà de tocs successius. La seva dificultat depèn de la velocitat, la distància i la trajectòria de la pilota.

Un jugador condueix la pilota davant la pressió del defensa.

• **Driblatge:** consisteix a superar l'adversari mitjançant la conducció de la pilota. Hi ha driblatges molt coneguts, com ara la ruleta, la bicicleta, la croqueta, l'elàstica, el barret, el túnel, etc.

Un driblatge necessita velocitat i canvi de ritme perquè tingui èxit. De tota manera, el driblatge no és la millor forma de jugar, ja que alenteix el joc i perjudica el joc d'equip.

No abusis de la conducció i el driblatge. La pilota corre més sola que acompanyada.

Un jugador intenta driblar el defensor amb un canvi de ritme.

3. Especialització en un equip de futbol

Malgrat que el reglament només estableix la distinció entre porter i resta de jugadors, a la pràctica, els jugadors de camp s'han anat especialitzant segons la zona del camp on juguen i les funcions tàctiques que desenvolupen.

• **Porter:** és el jugador més endarrerit i és l'encarregat d'evitar que la pilota entri a la porteria. Se'l distingeix perquè porta un uniforme diferent del de la resta de companys.
• **Defenses:** són els jugadors que se situen a la primera línia, davant del porter i darrere dels centrecampistes. La seva funció principal és aturar els atacs de l'equip contrari.
• **Centrecampistes:** juguen prop de la línia de mig camp i les seves funcions són la recuperació de pilotes i l'inici de les jugades ofensives.
• **Davanters:** situats a la línia més avançada del camp, tenen com a funció principal acabar les jugades ofensives i marcar gols.

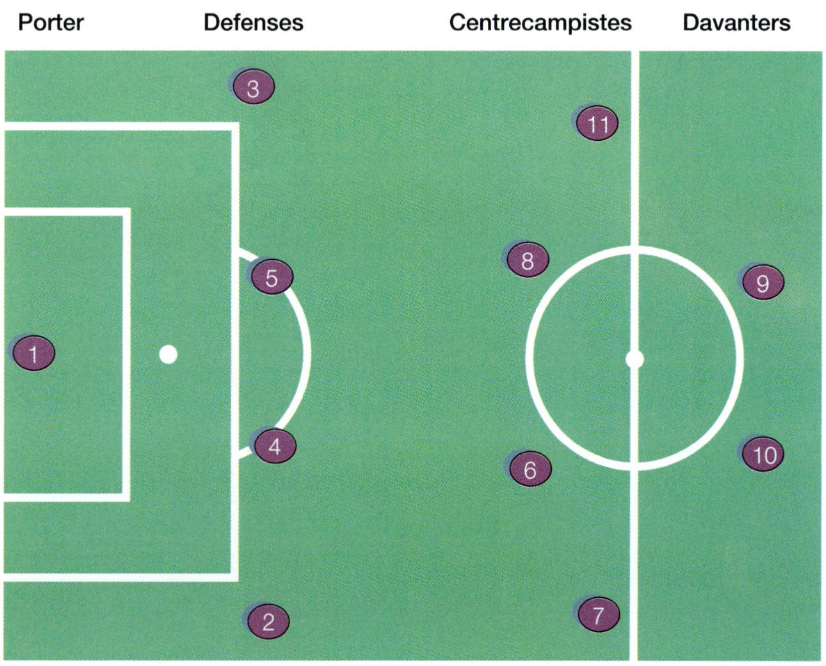

Disposició dels jugadors d'un equip de futbol en la formació típica (4-4-2) que veurem més endavant.

El porter es vesteix d'una manera diferent que la resta de jugadors i és l'únic que pot tocar la pilota amb les mans, dins de la seva àrea.

Dues migcampistes en plena cursa es disputen la possessió de la pilota.

4. Tàctica del joc en equip

Si observem dos grups de nens jugant a futbol, notarem que s'amunteguen al voltant de la pilota i corren per tot el terreny de joc. Tots fan de tot i es cansen molt.

La tàctica ens aporta solucions per fer l'esforç just per assolir la màxima efectivitat en el joc. L'elecció dels gests tècnics que un jugador duu a terme durant un partit rep el nom de **tàctica individual**, i si hi intervenen dos o més jugadors parlem de **tàctica col·lectiva**.

Segons si tenim la possessió de la pilota o no, podem parlar d'accions tàctiques defensives (quan no la tenim) o d'accions tàctiques ofensives (quan la tenim).

El davanter ha aconseguit desmarcar-se del defensor gràcies a una finta i rebrà la pilota tot sol.

Accions tàctiques ofensives

- **Desmarcatge:** acció que té com a objectiu deslliurar-se del defensor. Bàsicament consisteix a fer fintes i canvis de ritme.
- **Rotació o canvis de posició:** acció que busca desorganitzar la col·locació de l'adversari per crear espais lliures d'atac.
- **Paret:** acció de passar la pilota a un company per desmarcar-se i tornar a rebre-la en una altra posició, generalment més avançada.

La paret és una jugada ofensiva clàssica.

Accions tàctiques defensives

- **Marcatge:** pot ser individual o per zones i pretén evitar que l'atacant superi el defensor.
- **Entrada:** acció d'un jugador per recuperar la pilota d'un adversari.
- **Càrrega:** acció d'empenta espatlla contra espatlla per desequilibrar l'adversari i recuperar la pilota.
- **Intercepció:** acció de tallar la trajectòria d'una passada de l'equip contrari.

El defensor marca l'atacant per impedir que rebi la pilota.

El sistema

La manera d'organitzar els jugadors al camp s'anomena *sistema*. Tots els sistemes tenen tres objectius:

- Ocupar tot l'espai de joc de manera que els jugadors controlin totes les parts del camp.
- Permetre als jugadors tenir espai per iniciar jugades ofensives o defensives de manera coordinada i amb garanties d'èxit.
- Donar a cada jugador la posició que s'ajusti més a les seves característiques de joc.

La defensora fa una entrada per robar la pilota dels peus de la jugadora contrària.

El sistema bàsic és l'1-4-4-2: 1 porter, 4 defenses, 4 centrecampistes i 2 davanters.

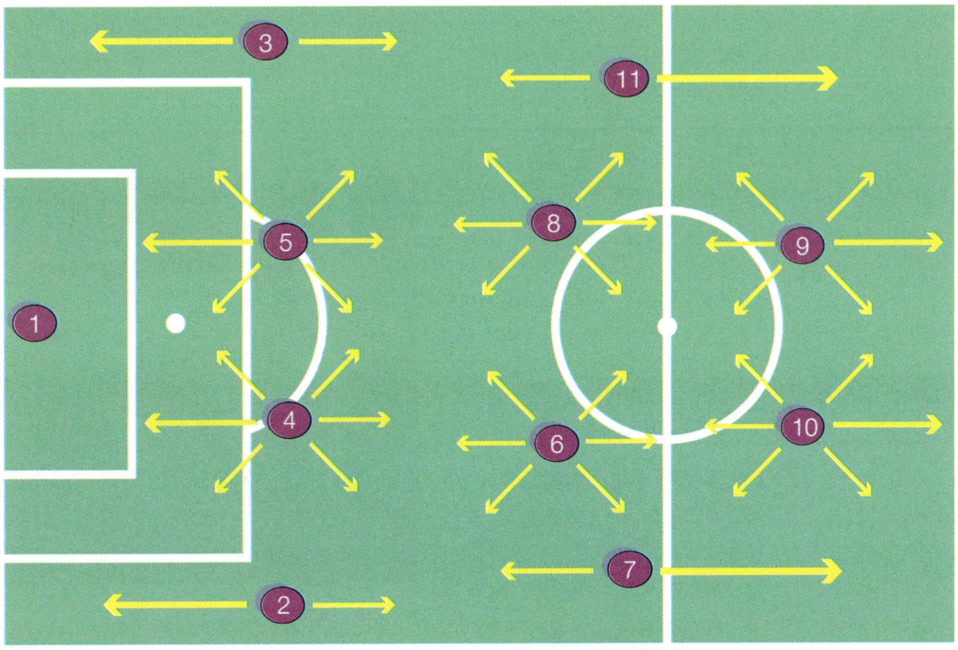

Alineació 4-4-2. Es pot observar com amb aquesta alineació es cobreixen gairebé totes les zones del camp.

L'extrem a punt de centrar a l'àrea, on es poden observar els dos davanters que esperen la pilota.

5. Altres modalitats de futbol

Futbol sala

És una modalitat de futbol que incorpora normes i característiques pròpies d'altres esports: el terreny de joc té les mateixes dimensions que un d'handbol, es poden fer un nombre il·limitat de canvis durant el joc, a partir de 5 faltes personals per equip i període se sanciona amb tir lliure directe sense barrera, i es pot demanar 1 temps mort per període.

- **Durada del partit:** 2 temps de 20 minuts.
- **Jugadors:** 12 per equip, dels quals 5 en pista (4 jugadors de camp i el porter).

Partit de futbol sala.

Futbol platja

És una modalitat de futbol que es juga sobre una superfície de sorra fina. A diferència del futbol convencional, les faltes sempre se sancionen amb tir lliure directe i no hi ha la barrera. A més, el servei de banda es pot fer indistintament amb les mans o amb els peus.

- **Durada del partit:** 3 temps de 12 minuts. Es para el temps cada cop que es pita una falta, un penal o hi ha una pèrdua de temps.
- **Jugadors:** els partits els disputen 2 equips de 5 jugadors.

Partit de futbol platja.

Futbol 7

És una versió reduïda del futbol. Les regles són similars a les del futbol convencional, exceptuant el fet que no hi ha fores de joc. El terreny de joc és aproximadament la meitat d'un camp de futbol convencional.

- **Durada del partit:** 2 temps de 25 o 30 minuts segons la categoria.
- **Jugadors:** com el seu nom indica, cada equip està format per 7 jugadors.

Partit de futbol adaptat.

Futbol adaptat

Les persones invidents també poden jugar a futbol. Els partits els disputen 2 equips de 4 jugadors cecs i 1 porter amb visió completa. La pista està dotada de murs als laterals per tal que hi reboti la pilota, la qual posseeix càpsules sonores que la fan audible. A més, els jugadors són orientats i guiats pel porter, el tècnic i un guia situat darrere de la tanca rival.

6. D'on prové el futbol?

L'origen del futbol que avui coneixem prové de la Gran Bretanya, on durant el segle XIX es van començar a escriure reglaments de joc per estendre'n la pràctica pel territori. Així, cada escola o universitat tenia una forma pròpia de joc.

No va ser fins al 1848 que dos estudiants de la universitat de Cambridge van fer una crida per unificar les regles de joc. D'aquesta manera, es van redactar les **regles de Cambridge**, que van servir com a base per a la creació de la competició de futbol i de la Football Association l'any 1863, la qual es va convertir en l'actual Federació Internacional de Futbol Associació (FIFA) el 1904.

El primer equip de futbol de l'Estat espanyol va ser el Huelva Recreativo (1878), propietat de l'empresa que gestionava les mines de Rio Tinto. Aquesta empresa va contractar un grup d'enginyers anglesos, que eren aficionats al futbol i que en van divulgar la pràctica entre els miners.

Els Royal Engineers van guanyar la primera competició oficial de futbol de la història, la FA Cup de 1872.

Sabies que...?

- El jugador Josef Bican, un davanter txec, és el jugador que ha marcat més gols de tots els temps: un total de 1 467.
- La selecció brasilera és l'única que ha participat en tots els mundials de la història i és la que n'ha guanyat més (un total de 5).
- El jugador brasiler Edson Arantes do Nascimiento, conegut com a *Pelé*, és el que ha jugat més mundials. N'ha guanyat un total de 3.
- Les targetes grogues i vermelles es van instaurar en el Mundial del 1970 per iniciativa de la FIFA, per tal que els jugadors que parlen diferents llengües poguessin entendre el significat de la sanció.
- A causa dels fets violents i de caràcter xenòfob que hi va haver entorn del futbol durant el campionat de la UEFA 2008, es va llançar la campanya *Respect*, amb la idea de promoure el respecte entre jugadors, entrenadors, àrbitres i aficionats, a més de promoure el valor essencial del futbol com un esport obert a tothom.

Pelé, en un partit de la selecció brasilera l'any 1960.

Objectius competencials (aportació en competències)

- Conèixer i utilitzar les pròpies possibilitats motrius en relació amb els altres, amb diferents objectes i en diversos medis.
- Utilitzar els jocs i els esports com a mitjà de relació amb els altres i valorar positivament l'esforç.
- Saber treballar en equip en jocs i esports i valorar la participació més que l'obtenció de resultats.
- Valorar la pràctica de l'activitat física com una forma agradable d'ocupació del temps lliure.

El voleibol

1. Com s'hi juga?
2. Tècnica individual
3. Especialització en un equip de voleibol
4. Tàctica del joc en equip
5. El vòlei platja
6. D'on prové el voleibol?

El voleibol és un esport sense contactes i sense cops, en el qual la cohesió amb els companys és primordial.

#3AlTercerCop

El voleibol és un esport que es pot jugar dins d'un poliesportiu o a l'exterior. Consisteix a fer passar la pilota al camp contrari per damunt d'una xarxa transversal, situada al mig de la pista de joc.

Al llarg dels anys setanta va tenir un gran èxit una nova modalitat del voleibol practicada a les platges de Califòrnia, que es va anomenar *vòlei platja*. Aquesta modalitat és molt divertida, ja que es juga sobre una superfície de sorra fina, sigui a la platja o en instal·lacions construïdes expressament.

També hi ha una modalitat adaptada de voleibol que s'adreça a les persones que tenen alguna minusvalidesa. Segons el tipus de minusvalidesa, el joc es pot practicar amb els jugadors asseguts.

1. Com s'hi juga?

El voleibol és un esport d'equip que juguen dos equips que no entren en contacte l'un amb l'altre.

- **Terreny de joc:** es juga en un camp rectangular de 18 × 9 metres, dividit en la línia central per una xarxa d'una altura de 2,43 metres per als homes i de 2,24 metres per a les dones. Una línia divideix cada meitat en una zona d'atac de 3 metres i una de defensa de 6 metres. Aquestes mides, però, poden ser més petites segons la categoria de la competició. En la modalitat de vòlei platja, les mides del terreny de joc són de 16 × 8 metres. En la modalitat de vòlei assegut (adaptat), les dimensions del camp són de 10 × 6 metres.

El voleibol compta amb una seqüència de joc que es concreta en diferents tipus de cop:

servei
↓
recepció – col·locació – rematada
↓
bloqueig

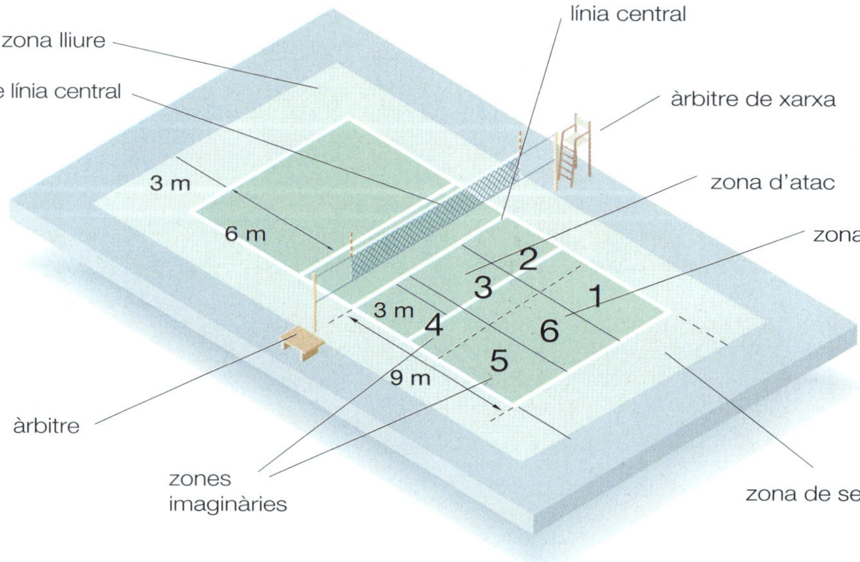

- **Objectiu:** l'objectiu del joc és intentar que la pilota passi a l'altre camp per damunt de la xarxa sense que l'altre equip no la pugui tornar.
- **Durada del partit:** de la mateixa manera que passa en gairebé tots els esports de xarxa, els partits de voleibol no tenen un temps determinat. El partit es disputa al millor de 5 sets i s'acaba quan un dels dos equips en guanya 3. D'aquesta manera, un partit acostuma a durar des d'una hora fins a més de dues i mitja.
- **Composició dels equips:** els equips els formen un màxim de 12 jugadors, dels quals se'n situen 6 en pista.
- **Canvis:** l'entrenador pot fer 6 canvis a cada set.
- **Sistema de puntuació:** guanya el set l'equip que arriba a 25 punts amb un avantatge mínim de 2 punts. Quan s'ha de disputar un cinquè set, es guanya en arribar a 15 punts amb un avantatge mínim de 2 punts. Un equip puntua quan la pilota toca a terra en camp contrari, quan la pilota surt fora del camp després de tocar un jugador de l'equip contrari i quan es comet qualsevol de les infraccions que conté el reglament.

Distribució de dos equips de sis jugadors.

Reglament del voleibol (normes i infraccions)

Normes

La pilota es pot jugar fins i tot fora dels límits del camp, sempre que no toqui a terra.

El servei es pot executar des de qualsevol punt de darrere de la línia de fons.

La pilota es pot tocar amb qualsevol part del cos sempre que no es retingui.

A diferència d'altres esports com el tenis, si la pilota toca la xarxa en un servei i passa al camp contrari, la jugada és vàlida.

Si la pilota cau damunt de la línia, la jugada és vàlida.

Totes aquestes infraccions es castiguen amb un punt per a l'equip contrari i la pèrdua de possessió de la pilota.

4 tocs: l'equip disposa de fins a 3 tocs (a més del de bloqueig) per enviar la pilota al camp contrari.

Dos tocs: un jugador no pot tocar la pilota dues vegades seguides.

Retenció: la pilota sempre s'ha de colpejar. No es pot agafar o retenir amb les mans o els dits.

Invasió: no es pot sobrepassar la línia central del terreny de joc, excepte amb les mans quan es fa el bloqueig.

Xarxa: no es pot tocar la xarxa amb el cos.

Rotació: quan un equip guanya un punt en què el rival ha posat la pilota en joc, tots els jugadors o jugadores han de rotar una posició en el sentit de les agulles del rellotge. L'incompliment d'aquesta norma s'anomena *falta de rotació*. D'aquesta manera, cada cop tocarà a un jugador diferent fer el servei. Tan bon punt s'ha posat la pilota en joc, els jugadors es poden situar on vulguin.

Servei: no es pot ni bloquejar ni rematar el servei.

Tres jugadores intenten bloquejar la rematada contrària, sempre sense tocar la xarxa.

El servei es pot fer des de qualsevol punt de la línia de fons.

Es pot jugar la pilota fins i tot des de fora dels límits del camp.

2. Tècnica individual

- **Posició bàsica del jugador:** és comuna a la que ja hem descrit en altres esports d'equip. Cal mantenir el tronc i les cames flexionats, de manera que ens permetin estar preparats per a qualsevol acció.

Jugadores en la posició bàsica, amb les cames i el tronc flexionats, preparades per fer una acció ràpida.

- **El servei:** per ordre de seqüència del joc, el servei és el primer dels cops importants del voleibol. Concretament, és l'acció de posar la pilota en joc amb la mà. És la primera acció de l'atac i, com més a prop de la xarxa vagi, més difícil serà tornar-lo. Hi ha diverses maneres d'executar el servei.

El servei baix: és el més senzill. Amb les cames flexionades i un peu més avançat que l'altre, hem de colpejar la pilota amb el palmell de la mà o la part interna del canell. És important no deixar anar la pilota fins a un instant abans de colpejar-la. Segons la posició que adoptem, aquest servei pot ser frontal o lateral.

El servei alt: és el més difícil d'aprendre, però també es el més efectiu, ja que dificulta la recepció de la pilota. Bàsicament es duu a terme impulsant la pilota per sobre del cap i colpejant-la enlaire amb el braç impulsat des del darrere. Hi ha dos tipus de servei alt, el de tenis i el flotant, que s'explicaran amb detall al Segon Cicle.

- **La recepció o toc d'avantbraços:** és la forma habitual de fer la recepció del servei, d'una rematada o de qualsevol pilota que arribi de l'equip contrincant; per tant, és una acció de defensa.

  Per dur-la a terme, hem de col·locar tots dos braços estirats i junts, amb les dues mans agafades, tal com veiem en el dibuix. Hem de procurar crear una bona superfície de contacte entre tots dos avantbraços. Tot seguit, ens hem de situar darrere de la pilota amb les cames flexionades i els braços en un angle de 45° respecte del terra.

  En el moment del cop, hem d'estirar les cames com si fóssim una molla. La dificultat d'aquest cop rau en la precisió a l'hora d'enviar la pilota allà on volem.

Una jugadora fent un toc de recepció.

- **La col·locació o cop de dits:** és un cop que serveix per col·locar la pilota on ens interessa més i en les millors condicions possibles perquè el company la remati. Es tracta d'un gest tècnic d'atac que es fa simultàniament amb els dits de totes dues mans.

  Per dur-la a terme col·loquem totes dues mans davant el front amb els palmells mirant enlaire; els dits polze i índex de totes dues mans han de formar un triangle. Hem de mantenir els colzes flexionats i lleugerament oberts.

  Tot seguit, ens hem de situar ràpidament sota la pilota i hi hem de donar el cop amb els dits alhora que estirem les cames i els braços com si fóssim una molla.

Una jugadora fent un toc de col·locació de la pilota.

- **La rematada:** es tracta del darrer cop en una jugada i és l'element tècnic més eficaç i espectacular per aconseguir el punt, ja que la pilota surt amb una gran velocitat. La dificultat de la rematada rau en la necessitat de coordinar el salt amb la trajectòria de la pilota. El cop es fa amb el palmell de la mà.

- **El bloqueig:** és una acció defensiva que té com a objectiu evitar que la pilota travessi la xarxa després d'una rematada. Es tracta d'un cop que el poden dur a terme fins a tres jugadors alhora.

Tres jugadors es disposen a bloquejar la rematada del contrari.

3. Especialització en un equip de voleibol

Un col·locador en l'acció de deixar la pilota per a la rematada dels atacants.

Com en qualsevol esport d'equip, un cop superada la fase d'iniciació, els jugador s'especialitzen d'acord amb les seves característiques físiques i amb les habilitats necessàries per a l'esport. Tot i que l'equip està sotmès a un ordre de rotació, tan bon punt la pilota està en joc, cadascun dels jugadors se situa a la seva posició d'especialista. Les tres especialitats fonamentals del voleibol són les següents:

- **Atacants/bloquejadors:** generalment són els jugadors de més alçada i amb una bona capacitat de salt. En un nivell més avançat, entre els atacants podem distingir els centrals, els atacants per 4 i els oposats.

Les jugadores més avançades fan el doble paper de rematadores (jugadora de la dreta) i bloquejadores (jugadora de l'esquerra).

- **Col·locadors:** són els jugadors que dirigeixen l'ofensiva de l'equip. A banda d'una gran precisió, han de tenir una visió clara i ràpida del joc. La seva zona del camp és normalment la 2.
- **Lliures:** són jugadors especialitzats en la defensa i són els responsables de rebre en primera instància els serveis i els atacs dels jugadors contraris. Tenen una gran capacitat de reacció i una bona tècnica de passada. Normalment juguen a prop de la xarxa, per la qual cosa no han de ser especialment alts.

La precisió a l'hora de passar una pilota i la capacitat de reacció per evitar les rematades són algunes característiques dels lliures.

4. Tàctica del joc en equip

En el nivell d'iniciació, que és el propi de les sessions d'educació física, el sistema que utilitzarem s'anomena **col·locador per torns**.

En aquest sistema la pista es divideix en sis zones imaginàries. Els jugadors s'organitzen en tres davanters (zones 2, 3 i 4) i tres defensors (zona 1, 6, 5).

El jugador que ocupa la posició 1 és el que fa el servei, mentre que el que ocupa la posició 3 és el col·locador, que és qui permet que els jugadors de les zones 2 i 4 rematin.

Cada vegada que es fa una rotació hi ha un nou col·locador, dos nous rematadors i un nou jugador que fa el servei.

En la primera fase d'aprenentatge de 1r i 2n d'ESO, respectarem les 6 zones de joc (indispensables per a la rotació) i l'objectiu del joc serà senzill: la pilota no ha de caure a terra i cada jugador s'ha de fer responsable de la seva zona.

En nivells més avançats trobarem sistemes de joc concrets. En defensa, per exemple, es pot jugar un 1-3-2 (sistema en W), un 1-2-3, etc. En atac es pot jugar amb sistemes amb col·locador per torns o amb sistemes per especialistes.

Durant les classes d'educació física, caldrà fer molts exercicis per aprendre les passades i els colpejos bàsics jugant un contra un o dos contra dos fins a arribar a fer una jugada completa de recepció-col·locació-rematada.

Formació bàsica de 3-3. Podem observar com el lliure porta una samarreta diferent de la de la resta de companys.

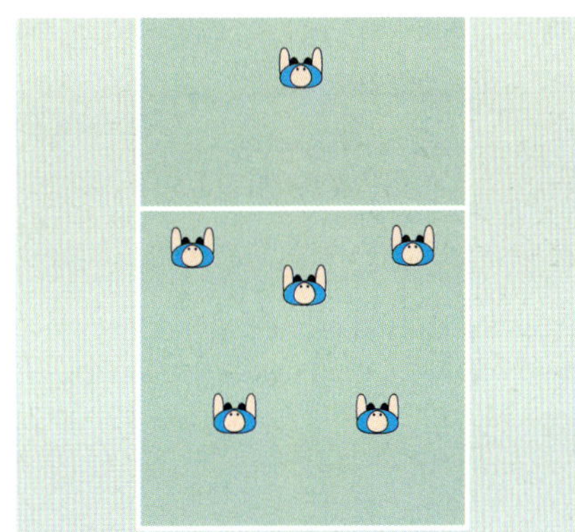

Sistema 1-3-2

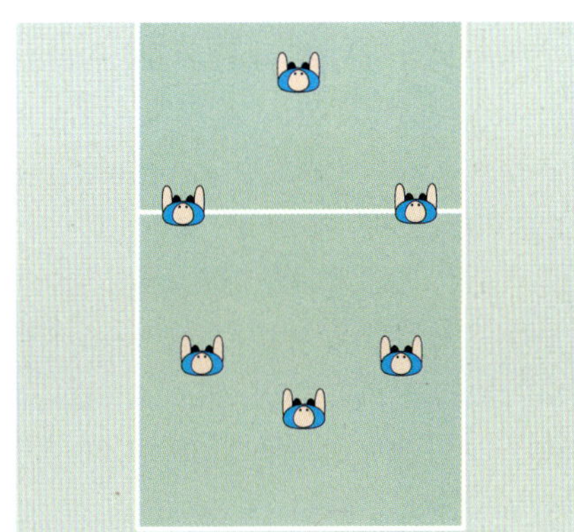

Sistema 1-2-3

5. El vòlei platja

El reglament del vòlei platja és bastant semblant al del voleibol convencional. Tanmateix, hi ha algunes diferències importants:

- Els equips estan formats per dos jugadors, tot i que en situacions recreatives es poden jugar 3 contra 3, 4 contra 4, equips mixtos, etc.
- El camp és lleugerament més petit, amb unes mides de 16 × 8 metres.
- Els jugadors no tenen posicions fixes sobre el terreny de joc.
- Els partits es disputen a 3 sets. Cada set es juga a 21 punts amb un mínim de 2 punts d'avantatge. En cas que calgui un tercer set, es juga a 15 punts amb un mínim de 2 punts d'avantatge. Cada 7 punts disputats (o 5 en el tercer) es produeix un canvi de camp.

En competició oficial, els equips de voleibol platja estan formats per dos jugadors.

En el voleibol platja cada jugadora ha de cobrir una zona molt àmplia del camp. Això propicia un joc molt ràpid amb jugades espectaculars.

Dues jugadores coordinant-se en una acció defensiva. En el voleibol platja les jugadores no ocupen una posició fixa en el camp.

6. D'on prové el voleibol?

Aquest esport va néixer als Estats Units l'any 1895, creat per William Morgan, un professor d'educació física que va dissenyar un esport a partir del tenis amb la idea que hi poguessin participar més jugadors alhora i que no es necessités una raqueta.

L'any 1907 ja era un dels esports més populars dels Estats Units. La seva expansió per Europa i tot el món va permetre que es jugués el primer Campionat del Món l'any 1949 i que es convertís en esport olímpic en els Jocs Olímpics de Tòquio del 1964.

Sabies que...?

- Un jugador de vòlei pot arribar a saltar entre 60 i 90 vegades en un partit a 5 sets.
- El rècord de temps de joc d'un partit el tenen Polònia i la URSS en els Jocs Olímpics del 1976. El partit va durar quatre hores i trenta-sis minuts!
- Després de la Segona Guerra Mundial, els hospitals van trobar en el voleibol un mitjà de rehabilitació i de reinserció social. L'any 1948, el doctor Ludwig Guttmann, del Centre Nacional de Lesions de Columna, va decidir organitzar el Primer Programa Europeu d'Esports sobre Cadira de Rodes.
- Al món hi ha uns 120 milions de persones que practiquen el voleibol.

Una jugadora s'hidrata durant un descans. En moments puntuals les pulsacions d'un jugador poden arribar a 200 per minut.

Serveis, rematades, bloquejos, col·locacions...; en un partit de voleibol un jugador pot arribar a saltar 90 vegades.

Objectius competencials (aportació en competències)

- Conèixer i utilitzar les pròpies possibilitats motrius en relació amb els altres, amb diferents objectes i en diversos medis.
- Realitzar un escalfament adequat d'acord amb l'activitat física que s'hagi de realitzar.
- Utilitzar els jocs i els esports com a mitjà de relació amb els altres valorant l'esforç i la capacitat de superació més que l'obtenció de resultats.
- Participar en activitats esportives mitjançant el treball en equip per assolir fites compartides.
- Valorar la pràctica de l'activitat física com una forma agradable d'ocupació del temps lliure.
- Realitzar activitats fisicoesportives d'una manera autònoma per a l'equilibri de la rutina diària.

Expressió corporal

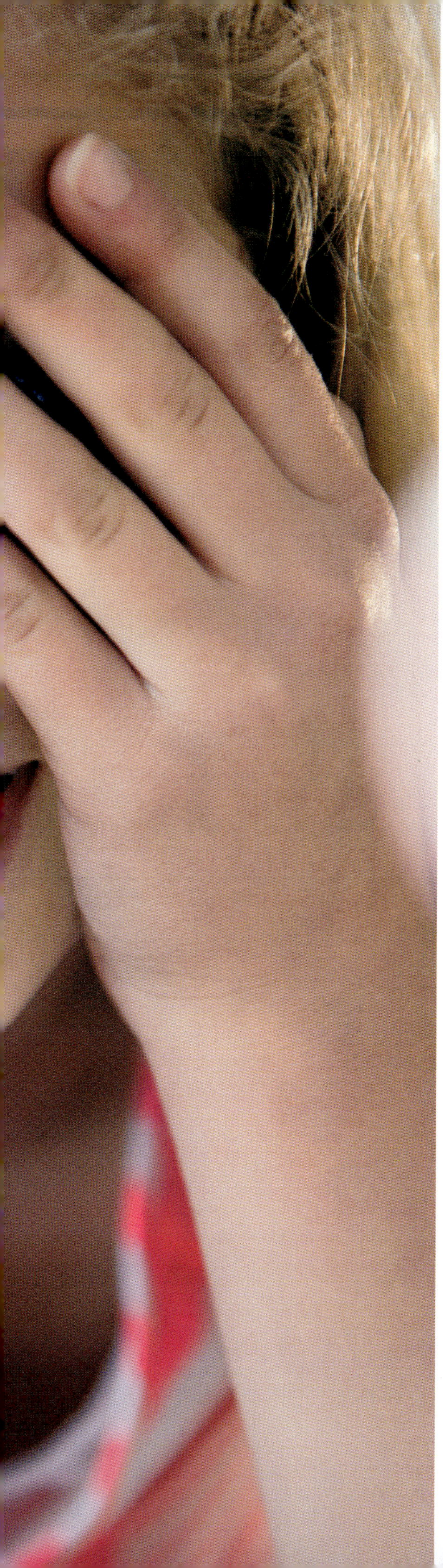

BLOC III

Com a éssers sensibles, les persones percebem per mitjà dels sentits un bon nombre de sensacions que ens causen reaccions de tristesa, sorpresa, admiració, alegria, etc.

Per tal d'expressar-les plorem, cridem, gesticulem, saltem o ballem. Aquestes expressions tot sovint són involuntàries, però en altres ocasions s'utilitza el cos de forma conscient com a mitjà d'expressió. Per tal de fer-ho es poden emprar algunes tècniques concretes per expressar actituds i sentiments molt diversos sense paraules.

A més, la possibilitat d'expressar-se amb els moviments del cos ens ensenya a comunicar les nostres necessitats i sentiments, superant les barreres del llenguatge i, alhora, ens permet apropar-nos i comprendre millor els nostres companys i companyes.

20. L'expressió corporal

21. Balls de saló

L'expressió corporal

1. Què és l'expressió corporal?
2. Tipus d'expressió corporal
3. Com podem treballar l'expressió corporal?
4. Beneficis per a nosaltres!
5. D'on prové l'expressió corporal? (origen i antecedents)

L'home, com a ésser social, necessita expressar les emocions, els sentiments, els desitjos, les preocupacions...

UNITAT 20

#RiurePlorar

Des de petits ens comuniquem i ens expressem mitjançant el nostre cos. Els nadons ploren per dir que tenen son o gana, riuen quan estan contents i mouen les mans i els peus per jugar i interactuar.

L'**expressió corporal** és la comunicació no verbal que acompanya o substitueix el llenguatge verbal. Sovint els gestos expressen més coses que les mateixes paraules i, fins i tot, són més sincers.

En disciplines esportives com la gimnàstica artística, el patinatge artístic, el ballet, els balls de saló, etc., l'expressió corporal és fonamental per obtenir una bona puntuació. En aquestes modalitats, la part tècnica és tan important com la capacitat d'expressar l'harmonia dels moviments, seguir el ritme (la combinació encertada del moviment del cos amb la música) o comunicar l'expressió facial adequada.

1. Què és l'expressió corporal?

Entenem l'expressió corporal com la manifestació d'un o de diversos pensaments, emocions o necessitats, amb la intenció de transmetre-la a una persona o més. D'altra banda, qualifiquem de corporal tot el que té a veure amb el cos. Per tant, l'*expressió corporal* seria una manera de materialitzar els pensaments, els sentiments i les emocions per mitjà del cos, sense que hi intervingui la paraula.

La gestualitat i l'expressió del cos, juntament amb la parla, són trets característics de les persones i varien segons l'edat, el caràcter, l'estat d'ànim i, fins i tot, la cultura i el país on es viu. Per exemple, la gestualitat que fa servir un nadó per indicar que vol menjar és molt diferent de la que fa servir un adolescent o de la que utilitza un adult; o els japonesos expressen una emoció com l'agraïment amb reverències, un gest que nosaltres no fem servir mai amb aquesta finalitat.

La tristesa, l'alegria, la ràbia... són sentiments que provoquen una expressió corporal involuntària en nosaltres.

Expressió corporal: capacitat d'expressar sentiments, emocions i situacions de la vida sense la utilització de la parla

2. Tipus d'expressió corporal

Segons el tipus de criteri que utilitzem, podem classificar l'expressió corporal de diferents maneres.

Si adoptem un criteri basat en la **intencionalitat**, podem classificar l'expressió corporal en dues categories, segons si té lloc d'una manera premeditada i estudiada (voluntària) o, per contra, si es produeix d'una manera espontània (involuntària):

- **Expressió corporal voluntària:** és la que aprenem i que fem servir per complementar o oferir un missatge concret.
- **Expressió corporal involuntària:** és la que no s'ha après. Té lloc espontàniament, sense adonar-nos-en, i per això es considera més sincera. Si estem contents, normalment l'expressió facial és alegre i riallera. Per contra, si estem tristos, deixem de riure, tirem les espatlles endavant i abaixem les celles.

Si adoptem un criteri basat en la **part** o les **parts del cos** que utilitzem per comunicar-nos, podem classificar l'expressió corporal en tres categories: l'expressió amb les mans, l'expressió facial i la postura corporal.

Expressió amb les mans

Els moviments de les mans i els braços acompanyen el que es diu i ajuden a donar més força al missatge que volem transmetre. Les mans són tan versàtils que fins i tot hi ha persones que les fan servir per comunicar-se sense l'ajut de cap altre recurs: parlem del llenguatge dels sords.

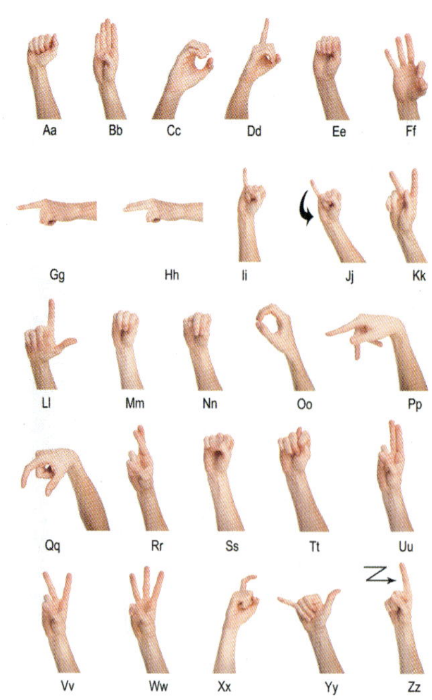

Alfabet del llenguatge de signes.

Així, sense adonar-nos-en, molt sovint fem servir les mans per expressar diferents emocions: les mostrem amb el palmell cap amunt quan volem expressar honestedat; si assenyalem amb un dit, volem expressar un judici sobre els altres, de vegades per culpar algú; amb l'encaixada de mans volem expressar un senyal de confiança i de benvinguda; si aixequem la mà, demanem permís per parlar quan som a classe o en un grup gran, etc.

L'expressió facial. Els gestos de la cara

Sovint utilitzem les expressions facials per aconseguir el que volem, de manera conscient o inconscient; per exemple, somriem per caure bé o fem un posat trist per aconseguir que els pares ens comprin alguna cosa.

La cara es converteix en un reflex del nostre estat d'ànim o d'allò que volem demostrar. Emocions com la ira, l'alegria, la tristesa, la sorpresa o la por es poden reflectir mitjançant l'expressió facial, tal com reflecteixen les imatges següents:

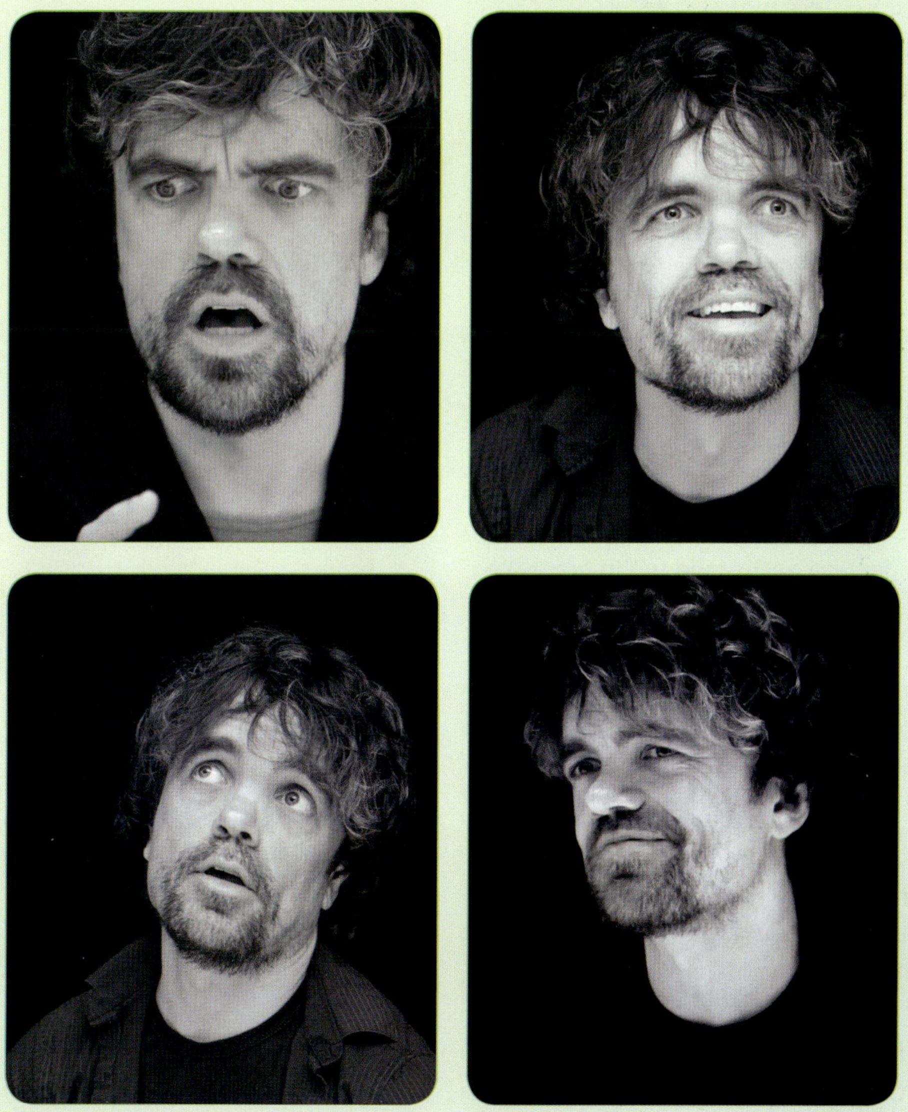

La capacitat de les mans o de la cara per expressar emocions és tan gran, que actualment en la comunicació digital fem servir símbols de gestos facials i manuals (emoticones) per comunicar sentiments i conceptes habituals com ara «estic content», «estic trist», «em preocupa», «no hi estic d'acord»... Aquests recursos ens permeten expressar amb rapidesa el que trigaríem molt més a expressar amb el llenguatge verbal o la paraula escrita.

Les fotografies pertanyen a una sèrie d'imatges de l'actor Peter Dinklage. Com veiem, els actors són els que més treballen i s'esforcen per dotar la seva cara de tanta credibilitat com sigui possible. Quins sentiments et suggereixen cadascuna d'elles?

Sens dubte, la boca és la part de la cara que expressa millor els nostres sentiments, però els ulls també hi tenen un paper molt important. Per demostrar-ho, us proposem un exercici. Ens agrupem per parelles. Un dels dos membres de cada parella comença a expressar emocions diferents: ràbia, tristor, por, felicitat, etc. Per tal d'aconseguir que la mirada sigui l'únic mitjà d'expressió, ens hem de tapar la boca amb un paper. Es tracta de veure quantes expressions és capaç d'endevinar el nostre company o companya veient-nos només els ulls.

La seva boca somriu, però els ulls no. Sovint, els ulls ens permeten saber l'estat d'ànim real de les persones.

La postura corporal i les formes de caminar

Les emocions i el cos estan relacionats, de manera que la postura corporal també expressa en gran mesura l'estat d'ànim. És molt difícil poder dir que estem contents si les espatlles i el cap cauen endavant, com veiem a la figura B. En canvi, la figura A expressa seguretat i tranquil·litat.

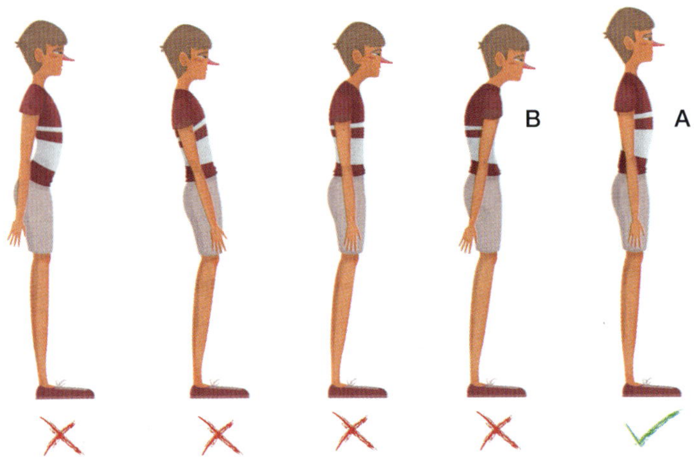

Tanmateix, la postura corporal no tan sols transmet les emocions involuntàries, sinó que també es pot utilitzar per transmetre expressions de forma intencionada. Per exemple, plegar els braços pot ser una manera d'establir una barrera defensiva o de dir que estem enfadats; les mans als malucs amb els colzes oberts expressen que estem llestos per iniciar una acció, que tenim empenta o que esperem una resposta per actuar, etc.

Pensem com imitaríem algú que és molt prepotent. O algú que vol demostrar que es desentén de tot. Un bon exercici per aprendre coses sobre la gestualitat del cos és fixar-nos en la gent que veiem al carrer o en els actors que surten a les pel·lícules.

Per assolir una bona comunicació gestual cal que l'expressió facial, la de les mans i la de tot el cos no siguin contradictòries.

La manera de caminar també caracteritza una persona. Tot sovint reconeixem algú de lluny simplement pel seu estil de caminar. La nostra manera de caminar depèn de factors com l'edat: quan aprenem a caminar, ho fem amb inseguretat, i a mesura que ens fem grans, caminem més ràpidament i amb molta més seguretat; per contra, a partir d'una certa edat, a mesura que envellim, caminem més lentament i la nostra postura s'encorba. Factors com el gènere també influeixen en la manera de caminar. Els nois acostumen a caminar més de pressa i amb gambades més llargues.

3. Com podem treballar l'expressió corporal?

Per prendre consciència de la nostra expressió corporal i millorar-la podem dur a terme alguna de les tècniques següents:

Educació corporal i postural

Si modifiquem la nostra postura, podem aconseguir millorar l'autoestima i, alhora, evitar alguns dolors del cos.

Si estem tristos, el nostre cos està fluix i les espatlles cauen cap endavant. Si detectem aquests efectes, podem mirar de corregir la postura i això ens ajudarà a no sentir-nos tan tristos.

Amb constància, tècniques com el ioga, el tai-txi o els estiraments ens poden ajudar a millorar i corregir la nostra postura corporal. Amb el temps, gaudirem dels beneficis que comporta fer-ho.

Disciplines com el ioga ens poden ajudar a controlar la postura corporal.

La dansa

Els balls de saló, el ball modern, el hip-hop, les danses folklòriques, el ballet clàssic, la dansa contemporània... En tots els balls o danses el cos es desplaça en un espai seguint un ritme determinat. El ritme és la combinació del moviment del cos amb la música. És un exercici excel·lent de creativitat, que fa que prenguem consciència de la nostra gestualitat i de les possibilitats de moviment del cos.

La dansa, en totes les variants possibles, és un exercici excel·lent per treballar la gestualitat del cos.

La dramatització: el teatre i el mim

El teatre permet treure el que portem dins i sovint no es atrevim a expressar; desenvolupar la imaginació, el plaer pel joc, la improvisació, l'espontaneïtat i la creativitat, i posar-nos a la pell d'una altra persona.

A classe podem fer els següents exercicis relacionats amb la dramatització:

- Agrupats en diferents equips, hem d'improvisar un anunci d'un producte que no existeix. Hem de convèncer la classe que el nostre producte és el millor.
- Un company o companya indica a la resta de la classe diferents maneres de moure's per l'aula o el gimnàs. Per exemple, com si estiguéssim a la lluna, travessant una selva, enmig d'una ventada, etc.

Els exercicis de dramatització ens poden ajudar a expressar els pensaments.

La biodansa. La bioenergètica

Són disciplines que faciliten l'expressió corporal de les emocions i alliberen tensions i bloquejos. Consisteixen bàsicament a moure's lliurement amb un rerefons musical, sense seguir normes específiques. Aquestes tècniques ens permeten expressar-nos en llibertat. De vegades, aquesta tècnica pot fer que expressem emocions retingudes.

L'expressió corporal ens pot ajudar a millorar l'autoestima, a conèixer el nostre cos i a comunicar-nos-hi.

4. Beneficis per a nosaltres!

Treballar, conèixer i practicar l'expressió corporal ens pot proporcionar els beneficis següents:

- Conèixer-nos millor. Acceptar el propi cos, la pròpia imatge i la dels altres. Aprendre a estimar i cuidar el cos.
- Ser creatius. Adonar-nos de tot el que podem comunicar amb el cos i que no expressem.
- Relaxar-nos. Descarregar tensions, aportar-nos felicitat quan estem tristos i energia quan estem apàtics.
- Alliberar el cos de bloquejos, de tensions i de dolors causats per les emocions que retenim.
- Aprendre a esbrinar les emocions dels altres. Saber com tractar-los, treballar millor en equip, millorar relacions i amistats i evitar i resoldre conflictes.
- Millorar l'autoestima, la satisfacció i el positivisme. Rebaixar la inseguretat, l'angoixa, la desmotivació o l'enuig crònic.
- Millorar la psicomotricitat.
- Relaxar-nos, gaudir i convèncer quan parlem davant de gent.

El treball de l'expressió corporal ens pot ajudar a comunicar els nostres sentiments i a comprendre millor els dels altres.

5. D'on prové l'expressió corporal? (origen i antecedents)

Des dels orígens, l'ésser humà és un animal social i, per tant, necessita comunicar-se i expressar-se. Per instint de supervivència, els primers homes, que encara no articulaven paraules, aconseguien prendre decisions de grup per mitjà de l'expressió corporal i el llenguatge no verbal.

Al llarg de la història, la humanitat ha desenvolupat diferents usos del llenguatge no verbal. N'hi ha molts exemples, però podem esmentar el llenguatge dels ventalls i el llenguatge de les mirades, del segle XVIII, o el llenguatge de signes que es fa servir encara avui dia per jugar a diferents jocs de cartes.

Mosaic que representa màscares teatrals amb diferents expressions. Els grecs i els romans van desenvolupar les arts escèniques, en què l'expressió corporal era molt important.

Tanmateix, no va ser fins a l'any 1954 que Patricia Stokoe, ballarina i pedagoga argentina, va desenvolupar un mètode en el qual per primer cop es va fer servir el terme *expressió corporal* per referir-se al llenguatge sorgit de la combinació del moviment del propi cos, el control del temps, la música, la creativitat i l'espai.

Actualment hi ha amplis estudis sobre l'expressió corporal, que tenen com a objectiu conèixer millor aquest fenomen i millorar-lo.

Cal que tinguem en compte

- Tots som diferents. Cadascun de nosaltres tenim habilitats diferents per expressar-nos. No hem de jutjar ningú ni ens hem de riure de ningú. Tothom té el seu propi estil.
- Aprofitem el treball d'expressió per treure'ns la vergonya de sobre. Només amb atreviment i empenta ens adonarem del que som capaços de fer.
- Amb un petit gest podem ferir algú i això no ajuda a la bona comunicació entre les persones.
- És important cuidar i valorar el vessant expressiu del cos.

Tothom és diferent. Cal acceptar la diferència sense jutjar ningú, perquè podem ferir els sentiments.

Sabies que...?

- Hi ha professionals que utilitzen l'expressió corporal com a eina imprescindible per a la seva feina:
  - Els detectius, que interpreten si una persona menteix o amaga alguna cosa.
  - Els assessors, que ensenyen a polítics i a altres persones que parlen en públic a utilitzar l'expressió corporal com a eina de comunicació.
  - Els actors, especialment els de teatre.
  - Els professionals que treballen amb el llenguatge dels sords.
  - Els indicadors d'enlairaments i aterratges d'avions.

El treball d'expressió corporal ens pot ajudar a desprendre'ns de complexos i vergonyes i a demostrar tot el que som capaços de fer.

Objectius competencials (aportació en competències)

- Expressar-se i comunicar-se mitjançant el gest i valorar el llenguatge corporal.
- Participar en balls i danses com a mitjà de comunicació i realització social.
- Conèixer i utilitzar tècniques d'expressió corporal per a la vida quotidiana.

Balls de saló

Finalment, és un mitjà expressiu que podem utilitzar per transmetre les nostres sensacions i sentiments. El ball és, doncs, una oportunitat més d'expressió corporal.

UNITAT 21

#Rhythm&Dance

Ballar en parella és, a banda d'una diversió, un exercici suau molt complet que millora les dimensions física, mental i social de qui el practica.

Actualment se n'està estenent amb força la pràctica esportiva competitiva.

Ballar millora les qualitats de la coordinació, l'equilibri i el ritme. És una bona manera d'alliberar tensions de forma saludable en una activitat cooperativa.

Cada cultura té les seves maneres de ballar. Per tant, a través del ball podem conèixer millor les diferents cultures.

1. Fonaments del ball de saló

El ball de saló consisteix a enllaçar moviments apresos al compàs de la música, de manera que formen una coreografia.

- **La posició bàsica:** es tracta de la col·locació dels dos ballarins, que han d'estar amb el cap alçat i l'esquena recta, agafats d'una mà. La noia recolza la seva mà lliure sobre l'espatlla del noi i aquest l'empra per agafar la cintura d'ella. Segons la modalitat de ball, es col·loquen a més o menys distància.
- **El pas bàsic:** cada modalitat de ball té un pas bàsic, consistent en una seqüència de moviments que les parelles fan al ritme de la música i que formen la base del ball.
- **Les figures:** les figures es construeixen lligant passos i acompanyant-los amb moviments de tot el cos.

Posició bàsica del ball de saló.

2. Tipus de ball

Bàsicament, es balla per dues motivacions: la social i la competició. El **ball social** busca la diversió. No es duen a terme coreografies preparades, sinó que el noi dirigeix la noia, que no sap el pas següent.

Per contra, en una **competició** hi ha una coreografia preparada de figures per al lluïment dels ballarins, que opten a guanyar un premi.

Els balls de saló es classifiquen en dos grups: els balls estàndard i els balls llatins. Els ballarins de competició internacional han de dominar totes dues modalitats.

Vals anglès.

Balls estàndard

Són rigorosos, en l'execució tècnica i en el vestuari. En l'alta competició, el noi balla amb frac i les noies porten un vestit llarg amb faldilles pesants per donar cos als girs. Tots els passos comencen sempre amb el **peu dret del noi i l'esquerre de la noia**. Dins dels balls estàndard trobem les modalitats següents:

- **Vals vienès:** és el més antic dels balls de saló. S'ha utilitzat durant molts anys per obrir el ball de noces.
- **Vals anglès:** és una variant lenta del vals vienès. És un ball de competició, tot i que de vegades es balla en festes.
- ***Slow fox*:** prové del foxtrot americà dels anys vint. També s'anomena *fox.*

Slow fox.

- ***Quickstep***: és un ball de ritme molt ràpid, que als anys vint rivalitzava amb el xarleston.
- **Tango:** es balla caminant, molt enganxats i amb figures molt complicades. Hi ha discussió de si l'autèntic tango és l'argentí o el xilè.

Quickstep.

Balls llatins

A diferència dels anteriors, els balls llatins són més flexibles pel que fa a l'execució de les figures que s'han d'executar davant del jurat. Tots els passos comencen sempre amb el moviment del peu esquerra del noi i el dret de la noia, excepte el pasdoble, que comença igual que els balls estàndard. Dins dels balls llatins trobem les modalitats següents:

- **Rumba:** és un ball d'arrel afrocubana. Es balla amb un moviment lateral de malucs. El pas bàsic consisteix a fer dues passes laterals ràpides i una de lenta cap endavant.

Rumba.

Tango.

- **Samba:** es tracta d'un ball d'origen brasiler que presenta moltes variacions i que es balla amb els ballarins separats. La modalitat de ball de saló, però, s'assembla a la rumba.
- **Txa-txa-txa:** és un dels balls més populars. Consisteix en tres passos ràpids coneguts com a *pas triple* o *txa-txa-txa*, i dos passos més lents.
- ***Jive***: ball que prové del *lindy hop*, amb influències d'altres balls com el *boogie* o el rock.

Jive.

Txa-txa-txa.

Què valora el jurat en una competició?

- tècnica
- figures
- ritme
- saber començar el ball en el temps musical adequat
- posició bàsica
- fluïdesa de moviments
- expressivitat
- vestuari

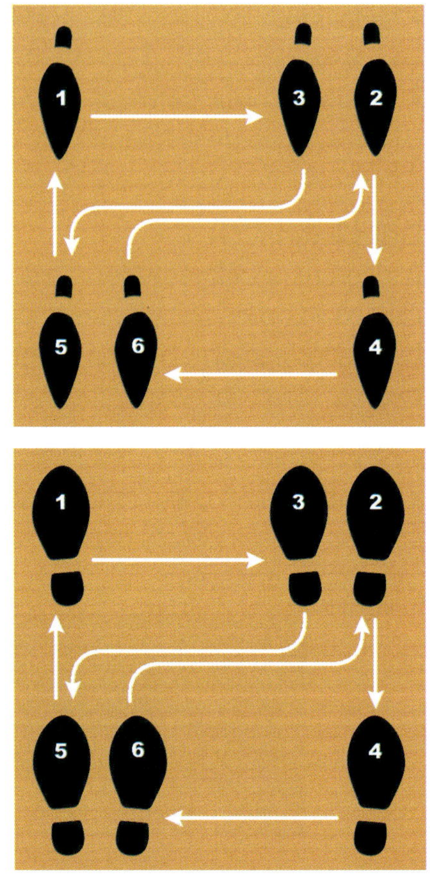

Punts d'inici d'ella i d'ell.

3. Com podem començar a ballar?

Igual que amb qualsevol esport, segur que prop de casa tenim algun club o escola de ball on en podem aprendre. Tanmateix, per aprendre a ballar hi ha un mètode d'aprenentatge eficaç basat en el vals anglès, un ball senzill i fàcil d'aprendre.

- **Primer pas:** el ritme que cal seguir és un 3/4 i es compta 1-2-3, 1-2-3. Aquest conjunt de sis temps forma el pas bàsic. L'hem de practicar de manera individual.
- **Segon pas:** ens hem de situar amb la nostra parella, agafats en la posició bàsica, i hem de fer els passos alhora, sense música però coordinats. Cal recordar que el noi comença amb el peu esquerre endavant i la noia amb el peu dret enrere.
- **Tercer pas:** de nou en parella, duem a terme els passos, aquest cop amb música, seguint el ritme i buscant una bona coordinació.

Dansa africana contemporània.

4. Balls moderns

Actualment es practiquen mulitud de balls i danses procedents d'arreu del món. Podem dir que el ball està de moda. De tots, en podem destacar els següents:

- **La dansa africana contemporània:** es basa en la fusió de moviments entre la dansa tradicional africana i el llenguatge corporal i emocional de qui balla. Ha influenciat danses tan diferents com la brasilera o els balls de la comunitat afroamericana dels EUA.
- **El hip-hop:** procedent d'un moviment de Nova York dels anys setanta, és el precursor d'una gran quantitat de balls de carrer i de les acadèmies de ball. A més, com que és un ball molt físic, s'ha incorporat al món del fitnes.
- **Bollywood:** prové del cinema comercial de l'Índia (d'on provenen les seves coreografies). El Bollywood designa una mescla entre les danses tradicionals índies com ara el *bhangra*, amb altres ritmes com ara el hip-hop o la salsa.

Hip-hop.

- **Capoeira:** originalment un art marcial brasiler, combina aspectes de ball, música i expressió corporal. Es caracteritza per uns moviments ràpids i explosius en què els braços i les cames executen moviments de gran amplitud, com ara els cops de peu o els girs.

Bollywood.

5. D'on provenen els balls de saló?

La música i el ball han format part de la cultura de l'ésser humà des dels seus orígens. Tanmateix, els balls de saló que avui coneixem són el resultat de l'evolució dels balls aristocràtics, la *volta* del segle XVI, i el minuet i el *waltzen* del XVIII. Aquests darrers van donar pas al vals vienès, considerat el pare dels balls de saló moderns.

Capoeira.

6. Beneficis per a nosaltres!

- Ballar és una activitat suau i un exercici moderat, tolerable per a totes les edats. Ajuda a alliberar tensions i millora la memòria i la circulació.
- L'aprenentatge i el ball permeten conèixer gent i relacionar-se.
- El ball millora les qualitats de flexibilitat, resistència i coordinació.

Sabies que...?

- Originalment les noies no ballaven el tango, sinó que ho feien els nois per parelles.
- El nom del txa-txa-txa prové del soroll que feien les sabates dels nois en ballar-lo.
- En els balls cortesans les noies es comunicaven per mitjà dels moviments dels ventalls amb els nois que les festejaven.
- L'*slow fox* es diu així a causa del seu creador, Harry Fox.

Objectius competencials (aportació en competències)

- Expressar-se i comunicar-se mitjançant el gest i valorar el llenguatge corporal.
- Participar en balls i danses com a mitjà de comunicació i realització social.
- Elaborar coreografies senzilles a partir d'una determinada música, idea o argument.
- Valorar la pràctica de l'activitat física com una forma agradable d'ocupació del temps lliure.

Activitats en el medi natural

BLOC IV

El coneixement d'algunes activitats que es poden practicar en el medi natural permet gaudir del temps lliure amb amics i companys.

El medi natural ens permet dur a terme moltes activitats físiques diferents de les que se solen practicar habitualment a l'escola i, a més, permet fer-ho en llocs especials, allunyats dels nuclis urbans.

No hem d'oblidar, però, que és necessari minimitzar l'impacte de les nostres actuacions a la natura evitant degradar el medi i realitzant activitats que afavoreixin la sostenibilitat de la zona.

Activitat física a la natura

1. Què són les activitats físiques a la natura?
2. Quin tipus d'activitats físiques podem practicar a la natura?
3. Activitats a l'aigua
4. Activitats a terra
5. El respecte a la natura i al medi ambient
6. Com ens hem de preparar per anar d'excursió?

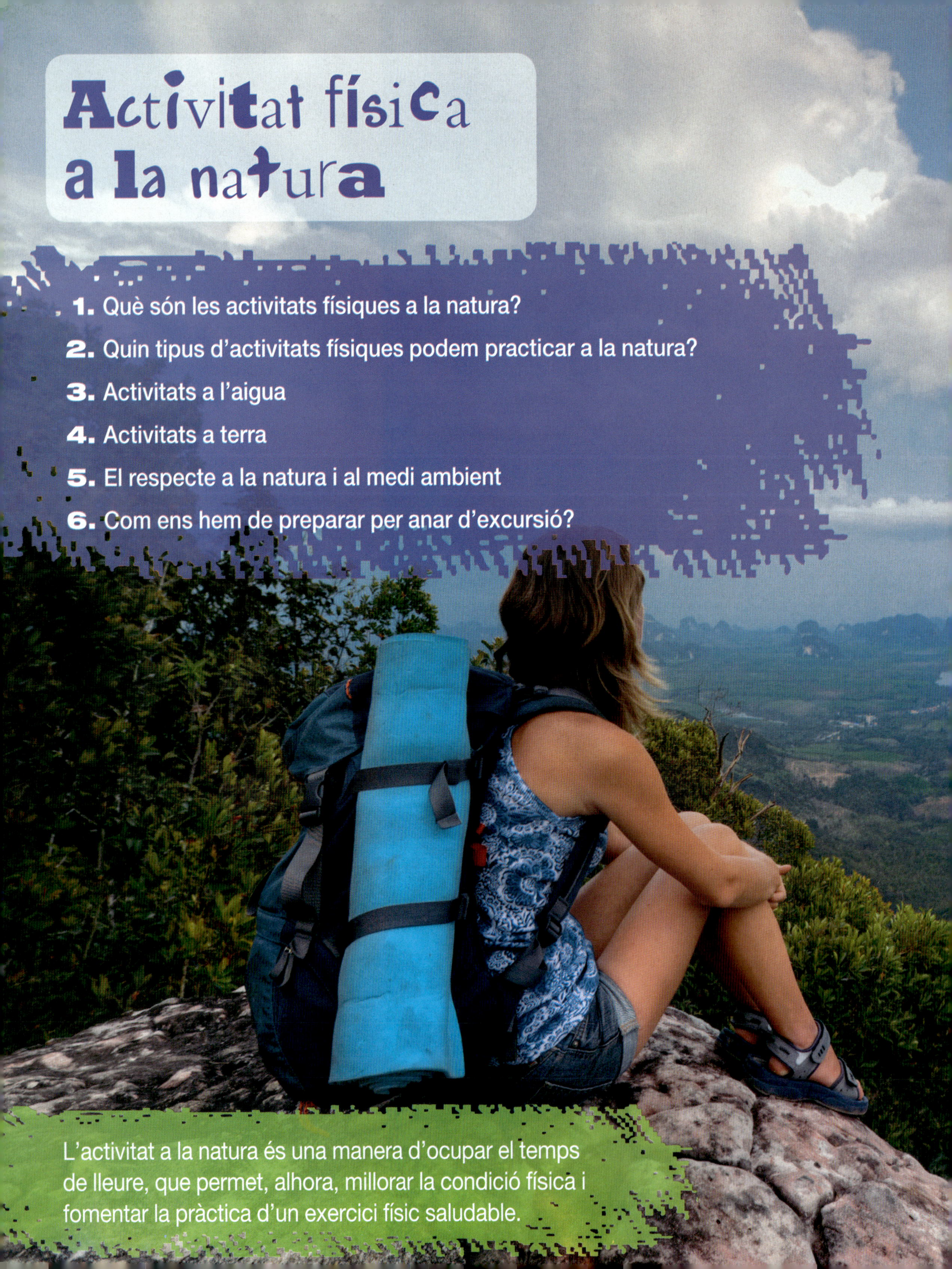

L'activitat a la natura és una manera d'ocupar el temps de lleure, que permet, alhora, millorar la condició física i fomentar la pràctica d'un exercici físic saludable.

UNITAT 22

#GaudimNatura #PreservemNatura

Observar el cel en una nit estrellada, gaudir endinsant-se per la muntanya, jugar a la platja..., totes aquestes activitats són activitats de natura. En els últims anys el desig del contacte amb el medi natural ha originat l'aparició d'una nombrosa oferta d'activitat física centrada en esports de natura. Hi ha persones que descobreixen l'activitat física en un entorn natural i abandonen la pràctica esportiva que es duu a terme en espais reduïts o tancats.

La natura és un lloc canviant i inestable. La meteorologia i els canvis de paisatge són aspectes fonamentals quan es fa una activitat en aquest medi, i això el fa especialment atractiu i diferent. En aquesta unitat, proposem activitats físiques que es poden practicar en el medi natural i exposem com es poden aprofitar les possibilitats que ofereix. Aprendrem també les normes més importants per no malmetre'l i evitar actuacions que no siguin responsables amb l'entorn.

1. Què són les activitats físiques a la natura?

La inestabilitat climàtica i els canvis en el relleu fan que les activitats a la natura s'hagin de planificar molt bé i que els participants hagin de tenir nocions de coneixement del medi per tal de prevenir riscos.

Són les activitats que tenen lloc en el medi natural (el camp, la muntanya, la platja, etc.). Aquests tipus d'activitats també són coneguts com a *esports d'aventura*, *outdoor adventure recreation*, *esport en llibertat*, etc.

Les activitats a la natura es poden practicar amb objectius lúdics i socials (per exemple, una excursió amb la família) o amb objectius competitius (una travessa de muntanya).

La competició en el medi natural ens permet desafiar-nos a nosaltres mateixos davant dels reptes de la natura. Pujar a un cim o remar fins a arribar a un objectiu concret són fites que podem assolir pel nostre compte. A més, la natura també ens ofereix la possibilitat de competir contra altres esportistes en nombroses activitats, com les regates al mar, les curses d'orientació, etc.

2. Quin tipus d'activitats físiques podem practicar a la natura?

Les activitats a la natura es poden categoritzar segons el medi en què es desenvolupen: terra, aigua i aire.

- **Activitats a l'aigua:** es poden fer al mar, en aigües planes (llacs, pantans o canals) i en aigües braves (rius). Se'n poden practicar moltes modalitats, com ara la vela, el piragüisme, el submarinisme, etc.
- **Activitats a terra:** es poden dur a terme en terrenys molt diversos, com ara el camp o la muntanya, que plantegin reptes de dificultat variable, com una travessa, l'excursionisme, les curses d'orientació, l'escalada, l'esquí o fins i tot una simple acampada.
- **Activitats a l'aire:** les fem amb l'ajut d'aparells com ara l'ala delta, el parapent, el paracaigudes, el globus, etc.

Totes aquestes activitats no són excloents entre elles, ja que podem fer activitats en més d'un medi. Un exemple és el barranquisme, que té lloc a terra i a l'aigua.

Hi ha esports de natura que necessiten molt poc material, com per exemple el senderisme o el submarinisme sense escafandre (*snorkeling*). Però n'hi ha d'altres que són més cars, ja que necessiten una gran quantitat de material, com ara la vela o l'esquí aquàtic.

El barranquisme requereix un equipament i unes capacitats relacionats amb els mitjans aquàtic i terrestre.

3. Activitats a l'aigua

El rem

Consisteix en la propulsió d'una embarcació amb la força muscular mitjançant un o dos rems fixos. Els remers se situen asseguts i d'esquena a la direcció del moviment.

Piragüisme

Es practica en una embarcació lleugera propulsada per una, dues o quatre persones mitjançant una pala. Els remers se situen asseguts de cara a la direcció del moviment. Les principals embarcacions que s'utilitzen són:

- **Caiac:** l'embarcació és propulsada per una pala de dues fulles. El remer se situa en un punt més baix amb relació a l'aigua, cosa que fa que l'embarcació sigui més estable.
- **Canoa:** l'embarcació és propulsada per una pala d'una sola fulla i no és tan estable com el caiac.

El caiac s'impulsa amb una pala de doble fulla. La posició del tripulant és baixa.

La canoa, més inestable que el caiac, s'impulsa amb una pala d'una sola fulla.

Descens de riu o ràfting

Consisteix a recórrer la llera dels rius en la direcció del corrent (riu avall) sobre algun tipus d'embarcació inflable, en què hi cap un grup de diverses persones equipades amb rems d'una sola fulla. Se sol practicar en aigües ràpides, per la qual cosa els tripulants porten armilles i cascs.

La velocitat i les acrobàcies converteixen el surf de vela en un esport espectacular.

La vela lleugera

És el tipus de navegació que es fa aprofitant la propulsió del vent i sense motor. Les embarcacions naveguen sempre prop de la costa. Hi ha moltes modalitats: raquero, làser, 4-20, surf de vela, etc. Les curses de velers es diuen ***regates.***

Les activitats de rem mobilitzen alhora les cames, els braços i la part central del cos (els abdominals i els músculs lumbars). Per tant, és un exercici físic que implica un alt percentatge de músculs que treballen alhora, cosa que beneficia el cor i la circulació de la sang (beneficis cardiovasculars).

Un bot pneumàtic descendint per un tram d'aigües ràpides (ràfting).

Al mar, els vaixells de vela sempre tenen preferència respecte als de motor.

Immersió lleugera (*snorkeling*)

Aquesta expressió defineix la pràctica de capbussar-se amb l'única ajuda d'unes ulleres, un tub respirador i unes aletes als peus per propulsar-se més bé. En aigües fredes pot ser necessari un vestit de neoprè. Aquesta activitat ens permet observar el fons marí a una profunditat limitada durant llargs períodes de temps i amb un esforç relativament poc important.

Submarinisme

Activitat que consisteix a capbussar-se amb un equip que, a més dels elements necessaris per practicar la immersió lleugera, inclou pesos i bombones d'oxigen. Aquest equipament ens permet submergir-nos a grans profunditats durant un període de temps que queda limitat per la quantitat d'oxigen disponible. A partir de certes profunditats, cal obtenir una certificació que acrediti que coneixem el funcionament de l'equipament de submarinisme i que entenem quin és el comportament del cos humà sota la pressió de l'aigua. Això ens permet evitar conductes de risc.

Immersió lleugera o *snorkeling*.

Classe inicial de submarinisme.

Els fons marins dels mars que banyen el continent europeu estan coberts per grans quantitats d'escombraries generades per l'home, que inclouen plàstics de tota mena, trossos de vidre, fusta, ceràmica, llaunes, teixits, arts de pesca, etc. No tiris les deixalles al mar o als rius. La natura no pot descompondre tots els materials o triga molt a fer-ho. Al mar i als rius hem de vetllar per l'entorn i respectar la fauna i la flora aquàtiques.

Sempre que puguis, camina per dins del sender: malmetràs menys la vegetació.

Respecta l'entorn. No arrenquis branques, ni aixafis plantes o flors, ni cacis animals.

No encenguis foc! Els incendis tenen efectes devastadors.

4. Activitats a terra

Muntanyisme o excursionisme

Engloben el conjunt d'activitats que tenen com a objectiu recórrer muntanyes o altres indrets naturals per plaer. Habitualment, s'utilitza qualsevol de les dues paraules per parlar d'excursions per la muntanya. Dins de la categoria del muntanyisme podem fer les activitats següents:

- **Senderisme o *trekking*:** activitat que consisteix a caminar seguint camins i senders marcats per la muntanya amb garanties de seguretat. És una activitat que no necessita gaire preparació física o tècnica i és ideal per practicar en família.
- **Cursa d'orientació:** competició que té com a objectiu trobar la millor ruta en el temps més curt possible per arribar a uns punts (controls) que es detallen en un mapa d'una àrea determinada. El mapa és desconegut pels participants fins al moment de la sortida. Per practicar aquesta activitat només necessitem un mapa, ganes de córrer i una brúixola per a les competicions de nivell expert.
- **Acampada:** activitat que es basa en la permanència temporal en l'entorn natural equipats amb una tenda o més. L'objectiu és simplement gaudir del contacte amb el medi natural. Cal complir unes normes bàsiques com, per exemple, no acampar prop de rius per evitar les inundacions. Més enllà d'aquestes normes, es necessiten pocs coneixements i pocs materials.
- **Alpinisme:** aquest terme que originalment volia dir pujar als Alps ha passat a designar més generalment l'activitat de pujar muntanyes. Avui dia, un bon alpinista ha de saber practicar l'esquí de muntanya i escalar en roca o gel, o combinar totes dues coses (terreny mixt).
- **Escalada:** activitat que consisteix a fer ascensos en parets de roca, vessants escarpades o altres relleus naturals caracteritzats per la seva verticalitat. Per tal de dur-la a terme, es fan servir mitjans de subjecció gairebé totalment recuperables. La dificultat de l'activitat està determinada per factors com ara la inclinació de la paret, la distància, la forma i la mesura dels agafadors i els punts de repòs existents.
- **Descens de barrancs:** activitat molt relacionada amb el senderisme, l'escalada i l'alpinisme i, en certa mesura, amb la natació. Consisteix a progressar per un barranc que presenta un recorregut variat: trams secs, trams amb poc cabal, cascades de diferents alçades, gorgs, etc. Aquesta diversitat se supera caminant, nedant o grimpant amb cordes (ràpel). Es tracta d'una activitat per a la qual s'ha d'anar ben equipat i amb un guia professional. Hi ha barrancs de tots els nivells i dificultats.
- **Bicicleta de muntanya o BTT:** activitat que consisteix a fer sortides per la muntanya amb bicicletes dissenyades especialment per a aquesta finalitat. Hi ha recorreguts marcats per gaudir d'excursions de diversos nivells de dificultat. Internet ofereix multitud de recursos, amb consells i recorreguts que ens permetran desenvolupar aquest esport.

Un participant en una cursa d'orientació.

Un grup de campistes planta una tenda al camp.

Escalada d'un nivell de dificultat alt.

Les bicicletes tot terreny estan adaptades per circular en terrenys difícils.

Activitats de neu o gel

En les activitats a terra podem trobar dos medis diferents, la neu i el gel, que ens permeten practicar un altre tipus d'esport. La modalitat més popular és l'esquí, però n'hi ha d'altres. Totes necessiten un material específic i una preparació tècnica i física de base per dur-les a terme.

Esquí alpí.

- **Esquí alpí:** activitat que consisteix a descendir muntanyes amb esquís i bastons. Es pot practicar com una activitat recreativa o bé competitiva. Si és competitiva, s'ha de fer el descens passant per unes balises en tan poc temps com sigui possible. Generalment, l'esquí alpí es duu a terme en zones preparades i senyalitzades, tot i que també es pot practicar fora de les pistes.
- **Esquí de fons:** modalitat que consisteix a desplaçar-se per superfícies nevades amb l'ajut d'esquís (lleugerament diferents dels que es fan servir en l'esquí alpí) i bastons. Generalment, es practica en pistes preparades, traçades per un tractor mecànic, de poca pendent i amb un nivell de dificultat baix.

Esquí de fons.

- **Esquí de muntanya o de travessa:** activitat que es porta a terme en travesses en què s'ha de pujar a muntanyes nevades amb els esquís. Per poder remuntar els pendents sense lliscar enrere, els esquís estan equipats amb un teixit a la cara inferior (antigament, pell de foca) que permet que només llisquin en un sentit.
- **Surf de neu o *snowboard*:** variant de l'esquí alpí que fa servir les mateixes pistes. Es diferencia fonamentalment per la utilització d'una taula ampla adaptada per lliscar a la neu, en lloc dels esquís. Els dos peus van falcats en una taula i no es fan servir bastons, per la qual cosa és més complicat mantenir l'equilibri.

Esquí de muntanya.

- **Raquetes de neu:** activitat que consisteix a fer travesses a la neu caminant sobre unes raquetes (similars a raquetes de tenis) que estan collades a les botes i que impedeixen que els peus s'enfonsin. Es tracta d'una activitat que es pot dur a terme amb diferents nivells de dificultat i que poden fer des de famílies que vulguin fer una passejada fins a esportistes amb ganes d'iniciar-se al muntanyisme d'hivern.

Raquetes de neu.

5. El respecte a la natura i al medi ambient

Si es practiquen malament, les activitats a la natura poden provocar greus problemes en uns entorns fràgils i que sovint tenen un alt valor ecològic. Hem de ser capaços de practicar-hi esports d'una manera respectuosa. Per aconseguir-ho, només cal respectar unes normes i unes limitacions determinades pel respecte al medi ambient, com ara:

- Saber conviure amb la flora i la fauna sense malmetre-la.
- Recollir tots els residus i les escombraries. L'espai que hem utilitzat ha de quedar igual de net que quan hi vam arribar.
- Evitar els crits i les grans concentracions de persones que propiciïn un excés de soroll.
- Renunciar als esports de motor al mar i a la muntanya, ja que contaminen el mar i l'aire, fan molt de soroll i, en el cas de la muntanya, erosionen el terreny.

Des de la meitat dels anys noranta, ecologistes i alpinistes han mostrat la seva preocupació davant les grans quantitats d'escombraries que les persones que fan excursions, escalades o acampades dipositen en el medi natural.
No abandonis ni enterris deixalles de cap mena (restes de menjar, envasos, llaunes). Guarda-les a la motxilla per llençar-les al contenidor adequat.

6. Com ens hem de preparar per anar d'excursió?

La planificació prèvia

Abans de fer una excursió cal que la planifiquem. Per fer-ho, hem de tenir en compte un seguit de factors importants:

- Ens hem d'informar bé del lloc on volem anar. Un mapa de la zona o unes indicacions clares ens hi ajudaran.
- Ens hem d'assabentar del clima que hi haurà a la zona i de l'horari aproximat de l'excursió (especialment si preveiem que se'ns farà de nit).

- Hem d'esbrinar si disposarem de punts d'aigua.
- És important assegurar-se que el nivell de dificultat de l'excursió es correspon al que és adequat per a nosaltres.
- Hem de preparar la motxilla només amb allò que necessitem.

En una excursió cal que trobis el teu ritme. La intensitat de la marxa ha de ser constant i natural, ni molt lenta ni molt ràpida. T'ha de permetre xerrar mentre camines.

En una excursió és important no deixar ningú enrere.

El material

Tenint en compte tots els condicionants anteriors, hem de triar el material que ens hem d'endur a l'excursió.

- **La motxilla:** ha de ser còmoda, si pot ser impermeable, i amb un sistema de corretges que ens permeti ajustar-la a la cintura.
- **La roba:** es recomana fer servir una samarreta bàsica de material transpirable. Les peces de roba d'aquest tipus reben el nom de *roba tècnica* i no deixen que la suor es refredi al cos. Si és possible que plogui, hem de dur un impermeable que no ocupi gaire lloc i uns mitjons de recanvi per si ens mullem els peus. Si fa fred, hem d'incloure roba d'abric, com ara un passamuntanyes o una gorra, guants, un jersei o un folre polar, un anorac i uns mitjons gruixuts que permetin la transpiració.
- **Calçat:** ha de ser adequat al tipus d'excursió que es faci. Si l'excursió és fàcil i el terreny poc abrupte, podem dur sabatilles esportives. Si el terreny és muntanyós i escarpat, cal dur botes de muntanya. Si hi pot haver aigua, fang o neu és recomanable portar botes altes de muntanya.
- **Alimentació i hidratació:** sempre hem de dur una cantimplora amb aigua, que puguem reomplir. Podem portar entrepans o una carmanyola. És recomanable evitar els envasos, perquè després ens els haurem d'emportar. Si l'excursió és llarga o fa fred, es pot dur alguna fruita seca, que ens donarà energia mentre caminem o en alguna aturada.
- **Higiene i protecció:** és imprescindible incloure una petita farmaciola en el nostre equipatge, que dugui tiretes, esparadrap, gases i iode. Si el temps es preveu assolellat, és recomanable posar-se crema protectora i dur ulleres de sol. Si es preveu que farà molt fred es recomana tenir un protector de llavis. Si hem de passar la nit a fora necessitarem estris bàsics d'higiene, com una tovallola i un necesser amb raspall, sabó, pasta de dents i una pinta.
- **Altres:** cal incloure una bossa de plàstic per endur-nos la brossa i uns quants diners per a les emergències. Si hem de passar la nit fora, cal dur una tenda, un sac de dormir i una estora que ens aïlli del fred del terra. A més, cal dur estris per menjar (plats i gots metàl·lics, coberts i una navalla multiús). És important també disposar d'una llanterna.

La motxilla ha de ser còmoda i s'ha d'ajustar a la cintura.

El calçat ha de ser l'adequat per a cada tipus de terreny.

7. El senderisme

L'activitat que està a l'abast de tothom és el senderisme, el qual es diferencia de l'excursionisme perquè es duu a terme per senders adaptats i homologats. El traçat dels senders presenta pocs perills i problemes, i acostuma a evitar els desnivells i els ascensos de cims i muntanyes. A partir dels anys setanta es van començar a recuperar antigues rutes, triades pel seu interès paisatgístic, ecològic i monumental. Existeix un codi de senyals de colors, que es pinta normalment als arbres o a les pedres, que determina quina dificultat i quina distància té el sender.

Les barres de cereals constitueixen una gran aportació energètica.

- **GR (gran recorregut):** caminades de més de 50 km pensades per dur-les a terme en dos o més dies. Estan assenyalades amb dues franges, una de blanca i una de vermella.
- **PR (petit recorregut):** traçats de 10 a 50 km de distància, preparats per fer-se en un o dos dies. Estan assenyalats amb una franja blanca i una de groga.
- **SL (sender local):** petits traçats de menys de 10 km amb un nivell de dificultat baix o molt baix. Estan assenyalats amb una franja blanca i una de verda.

Indicació de sender de petit recorregut.

Sabies que...?

- El temps de degradació d'una pela de fruita és de sis mesos; el de les burilles de cigarreta és d'un o dos anys aproximadament, i el de les llaunes i els plàstics, de més de quatre-cents anys.
- Històricament, el mar ha estat tractat com una deixalleria amb la falsa creença que la seva immensitat pot absorbir tot allò que hi aboquem. Avui, els oceans han arribat a uns nivells alarmants de contaminació que l'ecosistema marí no és capaç d'assimilar de manera natural.
- Molts animals que viuen en el mar consumeixen brossa per error, ja que s'assembla a les seves fonts d'alimentació natural. Aquest és el cas de les tortugues marines, que ingereixen plàstic que flota perquè el confonen amb meduses.
- Espanya disposa de 100 GR. El GR-1 és una ruta històrica que travessa el nord de la Península quasi de banda a banda, des d'Empúries fins a Finisterre. El GR-65 correspon a la famosa i històrica Ruta de Santiago, que va des de Roncesvalles a Santiago de Compostel·la.
- Caminar és un exercici aeròbic i, com a tal, permet un funcionament més eficient del cor, estimula el flux d'oxigen a través del cos, millora la respiració i ajuda a augmentar la massa muscular. També comporta una important despesa calòrica, que ajuda a controlar el pes i a disminuir el greix corporal.

Una tortuga marina s'ofega a causa de la ingesta d'una bossa de plàstic.

Objectius competencials (aportació en competències)

- Utilitzar habilitats i destreses motrius en diversos medis.
- Ser capaç de desplaçar-se en un medi aquàtic.
- Conèixer i aprofitar les possibilitats que ofereix l'entorn proper per a la realització d'activitats d'oci i de compensació de la rutina diària.
- Apreciar el caràcter sociocultural dels esdeveniments esportius i respectar tots els que formen part d'aquesta manifestació esportiva.
- Practicar activitats en el medi natural comportant-se amb respecte.
- Valorar la pràctica de l'activitat física com una forma agradable d'ocupació del temps lliure.

Orientació

Has fet servir algun cop un mapa? Pot semblar senzill, però cal saber-lo interpretar. L'esport de les curses d'orientació es basa en aquesta activitat.

#orienteering

L'ésser humà ha explorat gairebé tot el planeta al llarg de la història. Gràcies a aquest fet, tenim mapes de tota la superfície terrestre.

De vegades, per arribar a un punt determinat fem una gran volta, i quan consultem un mapa ens podem adonar que potser no hem triat la ruta més correcta.

Orientar-se a la natura no és fàcil. Moltes vegades podem equivocar-nos i no ser capaços de tornar al punt de partida o d'arribar a la nostra destinació. Què passa quan algú es perd per la muntanya?

1. Què és una cursa d'orientació?
2. Com es duu a terme una cursa
3. Elements de la cursa
4. Reglament bàsic de la competició a peu
5. D'on provenen les curses d'orientació?

UNITAT 23

1. Què és una cursa d'orientació?

Una fita o balisa, al mig del bosc.

És una activitat esportiva de camp a través, sense un camí definit, en la qual el participant, amb l'ajuda d'una brúixola, ha de passar per uns controls assenyalats en un mapa.

Els elements que determinaran l'èxit d'una cursa són: l'elecció de la ruta, la navegació a través del terreny i l'absència d'errades.

Les curses es poden fer a peu, individualment o en grup (*rogaine*), i també en bicicleta tot terreny (BTT). Independentment d'això, les curses poden tenir diversos formats:

- **Cursa lineal individual:** en què cada corredor té assignada una hora de sortida i ha de trobar les fites en l'ordre que s'indica. És la modalitat més comuna.
- **Relleus:** en què cada rellevista, quan arriba el seu company, agafa un mapa i fa la seva cursa lineal individualment. El temps final és la suma dels temps de tots els rellevistes de l'equip.
- ***Score*:** en què el corredor ha de trobar totes les fites marcades, però ho pot fer en qualsevol ordre.

2. Com es duu a terme una cursa

La russa Tatiana Ryabkina, campiona d'Europa i dues vegades subcampiona mundial, en una cursa de mitjana distància.

Les curses d'orientació s'organitzen per categories, que s'estableixen a partir de l'edat i l'experiència dels participants. Així, una categoria HD18 significa que hi poden córrer homes i dones de fins a 18 anys; una categoria HE i una DE volen dir que hi poden córrer participants experts, homes i dones, respectivament, majors de 18 anys. Finalment, les curses per a no iniciats de qualsevol edat tenen les sigles NI.

Abans de sortir, els corredors **reben una targeta de control i un full de descripció de la simbologia dels controls**. En la targeta es van marcant els controls a mesura que es troben.

1	2	3	4	5	6	7	8	9	10
11	12	13	14	15	16	17	18	19	20
21	22	23	24	25	26	27	A	B	C
Nom del corredor						**Sortida**		**Temps**	
						Arribada			
						Categoria			

Targeta de control: cada casella s'omple amb el símbol corresponent a un punt de control. Les tres últimes serveixen per esmenar algun error de marcatge.

En el moment de sortir, el corredor rep un mapa. En aquest mapa hi ha assenyalats, en color porpra, el punt de sortida (amb un triangle), els punts de control (amb un cercle) i el punt d'arribada (amb un doble cercle). Per començar, cal localitzar el triangle de sortida i dirigir-se cap al primer control, triant l'itinerari més ràpid i segur. Cada cop que es passa per un punt de control, s'ha d'anotar la targeta de control i seguir fins al final, on es lliura la targeta i s'hi marca el temps que s'ha tardat a fer el circuit.

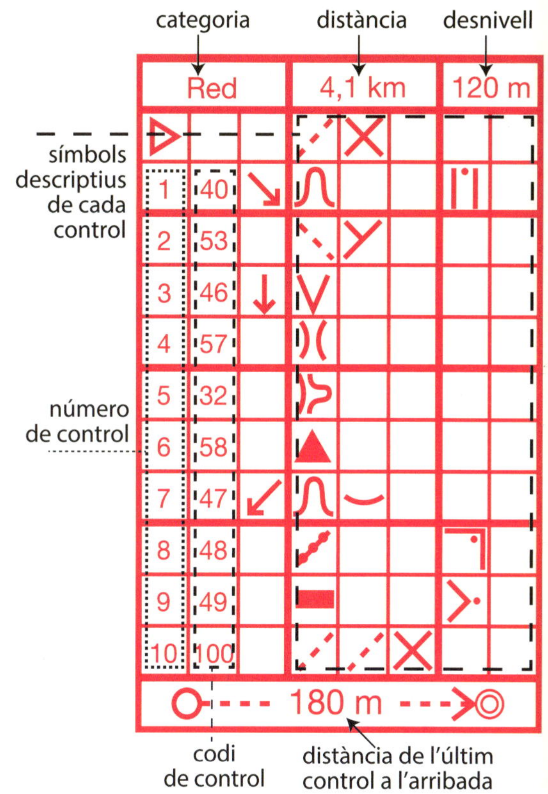

Full de descripció.

3. Elements de la cursa

- **La fita o balisa:** és una banderola de roba en forma de prisma triangular que serveix per indicar on hi ha l'element que ha de trobar el corredor. Està identificada amb el mateix número que el del punt de control que representa. Té una pinça manual, que el corredor ha de fer servir per marcar el seu pas pel control.
- **Full de descripció dels controls o simbologia**
- **El mapa:** és l'element més important de les curses d'orientació. Per a cada cursa es fa un mapa expressament, que representa amb exactitud la zona on es desenvolupa. Normalment, els mapes es representen a escala 1:15.000 o 1:10.000. Són molt detallats i van acompanyats d'una llegenda amb la simbologia que s'ha fet servir. També inclouen els meridians que travessen la zona representada cada 500 metres, en color blau o negre.

  Aquests mapes distingeixen els diferents elements amb un codi de color:

  Negre per als elements rocosos, construccions humanes i camins.

  Marró per a les formes del terreny, com ara les corbes de nivell.

  Blau per als elements relacionats amb l'aigua, com ara els pantans o els rius.

  Groc per als camps o les zones obertes sense arbres.

  Verd per a la vegetació que alenteix el pas. Com més espessa és, més fosc és el color.

  Blanc per a la zona boscosa que es pot travessar.

  Porpra o vermell per marcar el circuit definit.

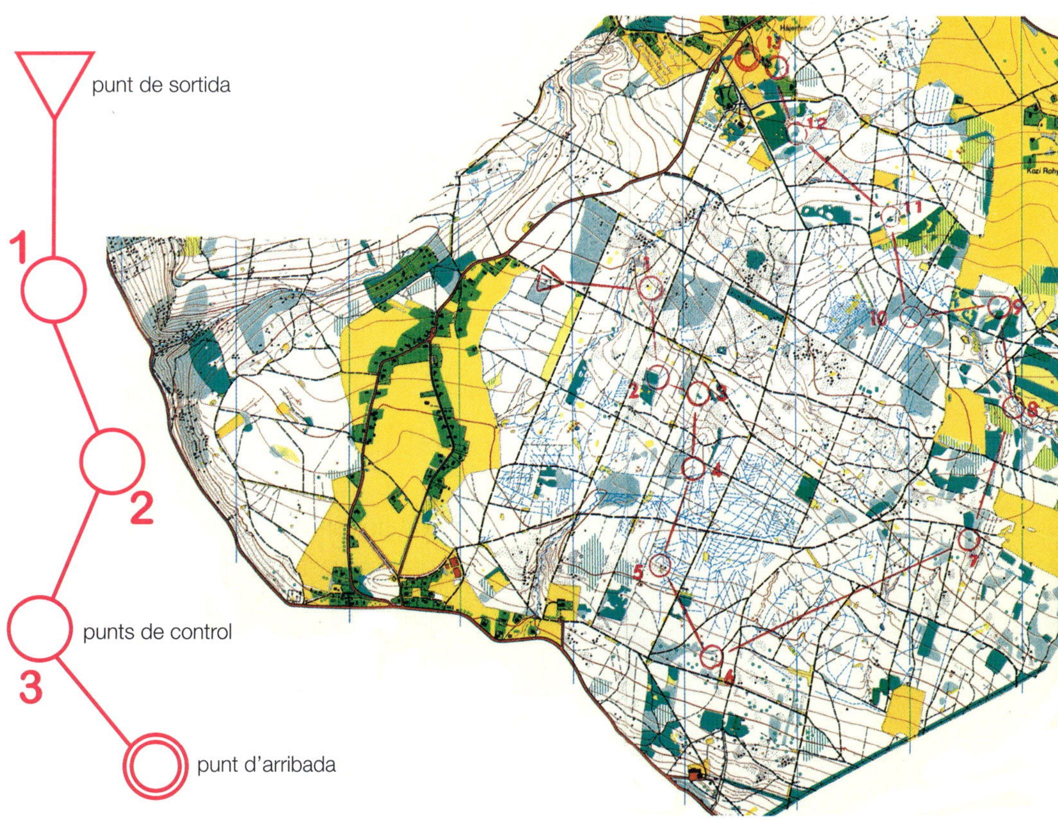

- **La brúixola:** serveix per determinar on és el nord geogràfic, la qual cosa ens permet orientar el mapa correctament. És una eina útil, però no imprescindible, ja que el mapa proporciona prou elements de referència per trobar els diferents controls. També ens serveix per trobar el rumb cap al següent control. Per fer-ho, es fa coincidir el cantell de la brúixola amb la línia que uneix la fita on som amb la fita a la qual volem anar.

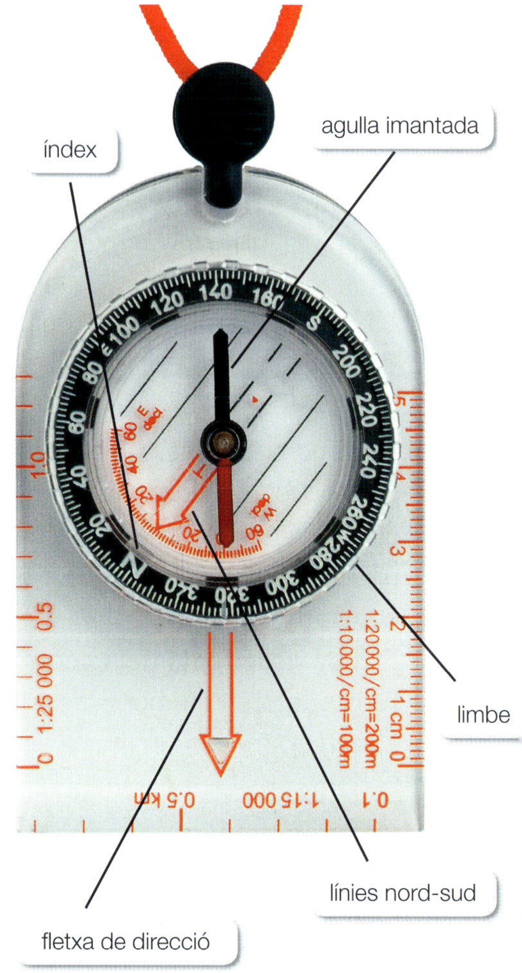

4. Reglament bàsic de la competició a peu

L'orientació esportiva té com a principi fonamental l'honestedat. Es tracta d'un valor sense el qual la seva pràctica resulta impossible. Així, podem enumerar alguns elements del reglament bàsic. La infracció d'aquest codi d'ètica esportiva pot ser motiu de desqualificació.

- La competició d'orientació es fa en silenci. Els orientadors no poden intercanviar cap mena d'informació durant la cursa.
- No es pot fer una part o la totalitat del recorregut en col·laboració entre diversos orientadors (tret que això s'hagi indicat específicament).
- No es pot aprofitar l'experiència d'un altre orientador que tingui un nivell tècnic més elevat per seguir-lo al llarg de la cursa.
- L'orientador ha de respectar terceres persones, així com propietats privades, conreus, zones de repoblació forestal i tot el material de competició.
- Cal que tots els participants també respectin els drets dels competidors de les altres categories.
- Els orientadors de la categoria de No Iniciats (NI) han de deixar pas als orientadors de les altres categories.
- El jutges de la prova tenen el dret de verificar la targeta de control en tot moment.
- El recorregut s'ha de fer seguint l'ordre oficial dels controls.
- Si un competidor perd la targeta de control, l'estripa o la manipula, no passa tots els controls o no els visita en l'ordre establert, és desqualificat.
- L'orientador que no finalitzi la competició té l'obligació de comunicar-ho al control d'arribada.
- La zona de competició està prohibida als corredors que han quedat fora de la cursa i també als acompanyants.
- Els competidors estan obligats a tenir cura del medi natural on es desenvolupa la competició i a preservar-lo.
- En cas d'accident d'un corredor, és obligatori donar-li assistència.
- El participant en una competició accepta el reglament de les curses d'orientació i hi participa sota la seva responsabilitat exclusiva.

Generalment, l'orientació és un esport individual. Hi ha, però, competicions per equips, com la Raid O'bivwak (França).

5. D'on provenen les curses d'orientació?

Es té constància que els militars escandinaus van ser els primers a fer curses d'orientació com a preparació per als seus soldats, a finals del segle XIX.

Com a modalitat esportiva, es té referència d'una cursa duta a terme a Noruega l'any 1897. Tanmateix, la primera cursa a gran escala la va organitzar un oficial suec, Ernst Killander, que va reunir més de dos-cents corredors a prop d'Estocolm el 1918. Va anar definint les regles de l'orientació i és considerat el pare d'aquest esport.

A Espanya es va introduir per mitjà de les forces armades pels volts de l'any 1960. El 1971, un professor d'esgrima de l'Institut Nacional d'Educació Física (INEF) de Madrid, Martin Harald Kronlund, va incloure l'orientació com a contingut que calia impartir als seus alumnes.

Cursa d'orientació en la modalitat de bicicleta.

Sabies que...?

- Els millors corredors de curses d'orientació són nòrdics.
- Les brúixoles d'orientació tenen el limbe ple d'un fluid que esmorteeix les vibracions de l'agulla imantada. D'aquesta manera, s'estabilitza ràpidament, cosa que permet fer-ne una lectura precisa, tot i que s'estigui corrent.
- Actualment s'utilitza un sistema de marcatge electrònic anomenat *sportident*. Aquest sistema substitueix la targeta per un xip que es porta lligat al dit i que cal introduir en la base electrònica que hi ha a la fita o balisa. El xip registra el número de les fites que s'han visitat i el temps que s'ha trigat a arribar-hi.

Una corredora marca la seva posició en una balisa amb dispositiu electrònic.

Objectius competencials (aportació en competències)

- Utilitzar habilitats i destreses motrius en diversos medis.
- Apreciar el caràcter sociocultural dels esdeveniments esportius i respectar tots els que formen part d'aquesta manifestació esportiva.
- Valorar la pràctica de l'activitat física com una forma agradable d'ocupació del temps lliure.
- Practicar activitats en el medi natural comportant-se amb respecte.